Venetz
Die Bergpredigt

Hermann-Josef Venetz

Die Bergpredigt
Biblische Anstöße

Patmos Verlag Düsseldorf
Kanisius Verlag Freiburg/Schweiz

CIP-Kurztitelaufnahme der Deutschen Bibliothek

Venetz, Hermann-Josef:
Die Bergpredigt: bibl. Anstöße/Hermann-Josef Venetz.
3. Aufl. – Düsseldorf: Patmos Verlag;
Freiburg/Schweiz: Kanisius Verlag, 1995.
ISBN 3-491-72190-3 (Patmos Verl.)
ISBN 3-85764-242-4 (Kanisius Verl.)

© 1987 Patmos Verlag Düsseldorf
© 1987 Kanisius Verlag Freiburg/Schweiz
Alle Rechte vorbehalten. 3. Auflage 1995
Umschlaggestaltung: Peter J. Kahrl, Neustadt/Wied
Umschlagillustration: Waltraud Grießer
Gesamtherstellung: Bercker GmbH, Kevelaer
3-491-72190-3 (Patmos)
3-85764-242-4 (Kanisius)

INHALT

VORWORT

Wer es mit der Bergpredigt zu tun bekommt, bekommt es an erster Stelle nicht mit „Texten", sondern mit Leben zu tun, mit dem Leben Jesu, seiner Jüngerinnen und Jünger, mit dem Leben der ersten christlichen Gemeinden auch. Und mit dem Leben sollte man behutsam umgehen.

Wer es mit der Bergpredigt zu tun hat, hat es letztlich mit Jesus Christus zu tun, der nicht nur damals, sondern auch heute Menschen zur Freiheit seiner messianischen Praxis anstiften möchte.

Behutsamkeit und Freiheit — vielleicht sind das die beiden Stichworte, die unseren Umgang mit der Bergpredigt am besten charakterisieren.

Nicht alles, was ich hier vorlege — es geht im wesentlichen auf eine Artikelserie in der Schweizer Zeitschrift „Kanisius-Stimmen" zurück — entstammt eigener Forschung und eigener Einsicht. Die Forschung an der Bergpredigt hat gerade in den letzten Jahren (wieder) beinahe unübersehbare Ausmaße angenommen. Ich habe bewußt darauf verzichtet, in einem wissenschaftlichen Apparat und in einem umfangreichen Literaturverzeichnis zu dokumentieren, welchen Gedanken ich wem verdanke. Die Leser, die die wichtigsten exegetischen Stimmen selbst zur Kenntnis nehmen wollen und sich über das in diesem Bändchen Gesagte hinaus unterrichten möchten, seien auf die Literaturauswahl am Schluß verwiesen.

Gewidmet sei die kleine Schrift dem Schweizerischen Katholischen Bibelwerk, dessen Präsident ich lange Jahre sein durfte.

Freiburg im Uechtland, an Pfingsten 1987

Hermann-Josef Venetz

7

VORWORT ZUR 2. AUFLAGE

Nach der erfreulich guten Aufnahme des Buches ist eine 2. Auflage angezeigt. Außer kleineren, aber nicht unwichtigen Modifikationen besonders bezüglich der „Quelle" (S. 20, 21 und 39) konnte der Text der 1. Auflage übernommen werden.

Ich danke den Kolleginnen und Kollegen für die guten Anregungen und dem Lektorat des Patmos Verlags für die ausgezeichnete Zusammenarbeit.

Freiburg im Uechtland, an Ostern 1989

Hermann-Josef Venetz

I. DIE SPIELREGELN
DER BERGPREDIGT

Selig, ihr Armen, denn euch gehört das Reich Gottes (Lk 6,20).

Weh euch, die ihr reich seid; denn ihr habt keinen Trost mehr zu erwarten (Lk 6,24).

Ihr seid das Licht der Welt. Eine Stadt, die auf einem Berg liegt, kann nicht verborgen bleiben (Mt 5,14).

Ihr habt gehört, daß zu den Alten gesagt worden ist: Du sollst nicht töten; wer aber jemand tötet, soll dem Gericht verfallen sein. Ich aber sage euch: Jeder, der seinem Bruder auch nur zürnt, soll dem Gericht verfallen sein (Mt 5,21—22).

Richtet nicht, damit ihr nicht gerichtet werdet! (Mt 7,1)

Sorgt euch nicht um euer Leben und darum, daß ihr etwas zu essen habt, noch um euren Leib und darum, daß ihr etwas anzuziehen habt. Ist nicht das Leben wichtiger als die Nahrung und der Leib wichtiger als die Kleidung? Seht euch die Vögel des Himmels an: Sie säen nicht, sie ernten nicht und sammeln keine Vorräte in Scheunen; euer himmlischer Vater ernährt sie. Seid ihr nicht viel mehr wert als sie? (Mt 6,25—26)

Alles, was ihr also von anderen erwartet, das tut auch ihnen! Darin besteht das Gesetz und die Propheten (Mt 7,12).

Geht durch das enge Tor! Denn das Tor ist weit, das ins Verderben führt, und der Weg dahin ist breit, und viele gehen auf ihm. Aber das Tor, das zum Leben führt, ist eng, und der Weg dahin ist schmal, und nur wenige finden ihn (Mt 7,13—14).

In den letzten vier, fünf Jahren ist die Bergpredigt wieder einmal modern geworden. Besonders in Diskussionen über Frieden und Sicherheit, über Abrüstung und Abschreckung wird sie fleißig ins Feld geführt. In den Auseinandersetzungen wird hie und da ganz einfach auf die „Bergpredigt" verwiesen, als ob jeder und jede wüßte, was das sei, und selbstverständlich hat der Hinweis den Zweck, die eigenen Argumente zu stützen. Hie und da werden aber auch Sätze aus der Bergpredigt direkt zitiert. *Wenn dich einer auf die rechte Wange schlägt, dann halte auch die andere hin* (Mt 5,39). Glücklich der Mann, der ein solches Wort wie einen Pfeil im Köcher hat; er hat gute Chancen, die Diskussion als beendet zu erklären. Der Einwand, das sei doch nicht wörtlich zu nehmen, nützt nicht viel. Wie soll man denn die Aussage anders verstehen als „wörtlich"? Und wer darf sich woher das Recht nehmen, etwas für „wörtlich" zu erklären und anderes wieder nicht? Oder ist zu guter Letzt die Bibel überhaupt nicht „wörtlich" zu verstehen?

Die Art und Weise, wie wir mit der Bibel umgehen, führt leicht dahin, daß es niemanden mehr gibt, der die Bibel ernst nimmt; man hat nämlich den Eindruck, mit der Bibel könne man alles „beweisen". Wer die Bibel benutzt und gebraucht, um den eigenen Standpunkt als den richtigen oder gar einzig richtigen darzustellen und zu verteidigen, ist an der Aussage der Bibel vorbeigegangen.

Eine Binsenwahrheit

Es gibt verschiedene Arten zu reden, und es gibt verschiedene Arten zu schreiben. Jede Art zu reden und jede Art zu schreiben folgt bestimmten Spielregeln. Viele Male am Tag halten wir uns an diese Spielregeln, ohne daß wir uns dessen bewußt sind. Und wir erwarten von unserem Gesprächspartner, daß er sich ebenfalls an diese Spielregeln hält. Wenn das nicht geschieht, kommen wir uns unverstanden und frustriert vor.

Wir wollen einen Witz erzählen und werden vom Gesprächspartner durch Fragen unterbrochen, die gar nicht zum Witz gehören. Wir erzählen eine Geschichte vom „Hansli" und werden unterbrochen: „Ist es Müllers Hansli?" — „Nein, irgendein Hansli — das ist jetzt nicht wichtig." — „Warum reden Sie dann von einem Hansli, wenn das nicht wichtig ist?" — Es ist zum Verzweifeln. Wir werden unseren Witz nicht los werden.

Es gibt Märchen — auch für Erwachsene. Wunderschöne Märchen sogar. Wenn wir auf die Spielregeln des Märchen-Erzählens eingeübt sind, macht es uns überhaupt nichts aus, wenn wir lesen oder hören, daß der Wolf zu sprechen beginnt, daß der Fuchs lacht, daß ein Riese auftaucht und daß der Frosch in einen Prinzen verwandelt wird . . .

Wenn ein Polizist das Protokoll eines Autounfalls aufnimmt, soll er sich lieber nicht an die Spielregeln des Märchen-Erzählens halten; er dürfte Schwierigkeiten bekommen. Ihm stehen andere Spielregeln zur Verfügung.

Gegen symbolische Zahlen haben wir nichts einzuwenden, wenn wir darauf eingestellt sind. Wenn in der Offenbarung des Johannes der Drache sieben Köpfe und zehn Hörner hat, wenn das neue Jerusalem zwölf Tore aufweist und die Länge und Breite der Stadt je zwölftausend Stadien mißt und wenn der Seher hundertvierundvierzigtausend Gesiegelte aus allen Stämmen der Söhne Israels zählt, dann sind wir zwar etwas verlegen und suchen nach der Bedeutung dieser Zahlen. Wenn uns der Elektriker eine Rechnung ins Haus schickt, lieben wir symbolische Zahlen nicht, und es kommt uns überhaupt nicht in den Sinn, hinter der Schlußzahl Fr. 93.50 eine besondere Bedeutung zu suchen. Die Rechnung muß ganz einfach bezahlt werden.

Zum Mitspielen eingeladen

Der Beispiele sind genug. Was die Bergpredigt anbelangt, müssen wir uns fragen, was für Spielregeln der „Prediger" angewendet hat, und ob wir beim Hören oder Lesen der Bergpredigt auch wirklich auf diese Spielregeln eingehen. Das ist unbedingt nötig, wenn wir verstehen wollen, was die Bergpredigt will.

Richtet nicht, damit ihr nicht gerichtet werdet! (Mt 7,1) — soll das so verstanden werden, daß das Amt eines Richters mit echtem Christsein unvereinbar ist?

Gib jedem, der dich bittet; und wenn dir jemand etwas wegnimmt, verlang es nicht zurück! (Lk 6,30) — ist diese Aufforderung so zu interpretieren, wie die Gesetze für den Straßenverkehr zu interpretieren sind?

Wenn die Armen *seliggepriesen* werden (Lk 6,20) — ist das so zu verstehen, daß wir arm werden müssen oder daß es nicht christlich ist, gegen die Armut zu kämpfen, weil es dann keine Armen mehr geben würde, die seliggepriesen werden könnten?

Wenn den Reichen das *Wehe* entgegengeschleudert wird (Lk 6,24) — soll das heißen, daß sie für ewig verloren sind und daß wir demnach über sie herfallen dürfen?

Schon jetzt sehen wir, daß es nicht nur darum geht, *die* Spielregel der Bergpredigt herauszufinden. In der Bergpredigt selbst werden verschiedene Spielregeln beachtet. Wer das nicht zur Kenntnis nehmen will, steht bald einmal vor einem großen Trümmerhaufen; er muß nämlich feststellen, daß die Bergpredigt voller Widersprüche ist. Ist sie das wirklich?

Lösungsversuche werden gewogen . . .

Es stellt den christlichen Leserinnen und Lesern der Bergpredigt sicher ein gutes Zeugnis aus, wenn sie sich immer wieder fragen, was denn diese oder jene Aussage für sie bedeutet und wie sie diese und jene Forderung realisieren können. Und da sie sich immer wieder daran stoßen, daß eine ganze Reihe von Forderungen — und sie sehen eben meistens nur die Forderungen — ganz einfach nicht zu erfüllen sind, werden sie ungeduldig, überfordern sich oder legen die Bergpredigt ganz einfach auf die Seite. Da sich das aber für gute Christen nicht ziemt, versuchen sie sonst vor der Bergpredigt ihre Haut zu retten. Vorschläge hierzu hat es im Laufe der Geschichte immer wieder gegeben.

Ein gängiger Lösungsvorschlag ist dieser. Die Bergpredigt will an erster Stelle nicht auf das Tun des Menschen aus. Wichtig ist die „rechte Gesinnung". Damit der Mensch die „rechte Gesinnung" besser erkennt und versteht, ist es gut, daß ihm die Gebote auf eine übertriebene, „hyperbolische" Art vor Augen geführt werden. Er wird so auf das aufmerksam gemacht, was eigentlich, im tiefsten seine „Absicht" sein sollte.

Ein anderer Lösungsversuch schlägt dem Menschen jede Waffe aus der Hand. Die Forderungen der Bergpredigt wollen dem Menschen deutlich machen, wie schlecht und unchristlich er im Grunde genommen ist. Wenn der Mensch die Bergpredigt liest, bleibt ihm am Schluß nur noch zu sagen: „Herr, sei mir Sünder gnädig!" Der Mensch kann sich vor Gott nicht rechtfertigen; vor allem nicht durch sein Tun. Gott selbst ist es, der den reuigen Sünder gerecht spricht; den Menschen bleibt nichts anderes übrig, als die Gnade Gottes demütig-glaubend anzunehmen.

Ein anderer Lösungsvorschlag teilt die Menschen in zwei Gruppen. Für die einfachen Christen gelten die Zehn Gebote. Die Bergpredigt sind eher „Räte", die für Ordensgemeinschaften, Priester, Pfarrer und Seelsorger von Bedeutung sind. Die Aufforderung *Sorgt euch nicht um euer Leben* . . . ist für einen Familienvater schlicht undurchführbar; im Gegenteil: er *soll* sich Sorgen machen für seine Angehörigen. Für eine Ordensfrau ist das anders; ohne Familie, ohne Besitz, aufgehoben in einer kleineren oder größeren Gemeinschaft, in welcher alle alles gemeinsam haben, ist ein sorgenfreies Leben eher möglich.

Ein weiterer Lösungsvorschlag teilt den einzelnen Menschen in zwei Teile. Jeder Mensch muß selbst unterscheiden zwischen dem, was ein Christ in einem öffentlichen Amt, z.B. als Richter, durchzuführen hat, und dem, was von ihm in seinem persönlichen Leben gefordert ist. Als Richter wird er einen Dieb zur Gefängnisstrafe verurteilen; im persönlichen Bereich soll er aber das Unrecht, das er erleidet, nicht vergelten.

Ein (vorläufig) letzter Lösungsvorschlag verdient noch Erwähnung. Wohl war es die Meinung Jesu, daß die Bergpredigt wörtlich befolgt werde. Wörtlich kann die Bergpredigt aber nur jemand befolgen, der überzeugt ist, daß das Ende der Welt in allernächster Zeit anbreche. Tatsächlich darf man annehmen, daß Jesus und seine Jüngerinnen und Jünger in dieser Überzeugung und Erwartung lebten. In der kurzen verbleibenden Zeit hat es ja keinen Sinn, auf die Veränderung der Gesellschaft oder des Staates hinzuwirken; jeder soll sich mit aller ihm zur Verfügung stehenden Kraft dafür einsetzen, ein Gott wohlgefälliges Leben zu führen.

... und zu leicht befunden

Es wäre ungerecht, wenn ich diese Lösungsversuche nur so stehenließe oder auf die Seite schöbe oder sie gar verdächtigte, das Anliegen der Bergpredigt nicht genügend ernst zu nehmen. Jeder dieser Lösungsversuche enthält ganz wesentliche Einsichten, auf die wir nicht verzichten sollten. Kleine oder große Bedenken melden sich aber bei jedem.

Daß es „nur" um die „gute Gesinnung" geht, ist kaum anzunehmen, spricht doch die Bergpredigt selbst vom Tun. *Nicht jeder, der mir sagt: Herr! Herr!, wird ins Himmelreich kommen, sondern nur, wer den Willen meines Vaters im Himmel tut* (Mt 7,21).

Die Bergpredigt will uns auch nicht „nur" die Kappe waschen und uns vor Augen halten, was für große Sünder wir sind; die Bergpredigt will uns auch und vielleicht vor allem zu befreiendem Handeln anstiften, damit wir *Licht der Welt* und *Salz der Erde* sein können (Mt 5,13—16).

Haben wir das Recht, die Bergpredigt in einen mehr oder weniger verbindlichen „Rat" für einige Auserwählte umzufunktionieren? Dazu würde das Schlußgleichnis nur schlecht passen: *Jeder, der diese meine Worte hört und sie nicht befolgt, ist wie ein unvernünftiger Mann, der sein Haus auf Sand baute. Als nun ein Wolkenbruch kam und die Wassermassen heranfluteten, als die Stürme tobten und an dem Haus rüttelten, da stürzte es ein und wurde völlig zerstört* (Mt 7,26—27).

Ist es richtig, den Menschen zweizuteilen? Gibt es überhaupt einen Bereich, in dem der Jünger oder die Jüngerin nicht an Jesu Worte gebunden wäre? Auf alle Fälle bietet die Bergpredigt nirgends eine Fluchtmöglichkeit in Lebensbereiche, die außerhalb ihres Zuspruchs und Anspruchs stehen könnten. Immer bin ich als ganzer Mensch angesprochen.

Auch macht die Bergpredigt nirgends den Eindruck, als ob das Ende der Welt in allernächster Zeit anbrechen würde. In Schriften, in denen ein nahes Ende erwartet wird, wird vor allem zum „Ertragen" und zur „Geduld" aufgerufen, wird vor allem Trost zugesprochen, daß die bösen Tage bald vorübergingen und der Lohn groß sein werde. In der Bergpredigt ist das Reich Gottes schon angebrochen; die Armen, Trauernden und Hungernden werden *jetzt* schon seliggepriesen (Mt

5,3—10). Und wer Jesu Worte hört und danach handelt, gleicht einem klugen Mann, der *jetzt* sein Haus auf Felsen baut. Wolkenbruch und Stürme werden es nicht zum Einstürzen bringen (Mt 7,24—25).

Vielleicht mag nach diesen Ausführungen die Hilflosigkeit gegenüber der Bergpredigt nur noch größer sein. Wir sollten uns deswegen nicht beirren lassen. Zwar sind die Spielregeln, die Bergpredigt zu verstehen, nicht einfach, und bestimmt gibt es nicht nur eine einzige Spielregel. Das zu erkennen gibt uns die Chance, wach und offen zu bleiben. Die Bergpredigt will uns offensichtlich ständig in Atem halten.

II. BERGPREDIGT — WAS IST DAS EIGENTLICH?

Er zog in ganz Galiläa umher, lehrte in den Synagogen, verkündete das Evangelium vom Reich und heilte im Volk alle Krankheiten und Leiden. Und sein Ruf verbreitete sich in ganz Syrien. Man brachte Kranke mit den verschiedensten Gebrechen und Leiden zu ihm, Besessene, Mondsüchtige und Gelähmte, und er heilte sie alle. Scharen von Menschen aus Galiläa, der Dekapolis, aus Jerusalem und Judäa und aus dem Gebiet jenseits des Jordan folgten ihm.
Als Jesus die vielen Menschen sah, stieg er auf einen Berg. Er setzte sich, und seine Jünger traten zu ihm. Dann begann er zu reden und lehrte sie (Mt 4,23 bis 5,2).

Was ist eigentlich die Bergpredigt? So einfach diese Frage auch tönt, so wichtig und schwierig ist ihre Beantwortung.

Eine Predigt auf dem Berg

Den Titel „Bergpredigt" gibt man den Kapiteln 5—7 des Matthäusevangeliums. Es ist der größte Redekomplex in diesem großen Evangelium. Die Rede selbst ist auch als solche deutlich markiert.
Zu Beginn heißt es:
Als Jesus die vielen Menschen sah, stieg er auf einen Berg. Er setzte sich, und seine Jünger traten zu ihm. Dann begann er zu reden und lehrte sie (5,1—2).
Dann folgt die eigentliche Bergpredigt. „Bergpredigt", weil sie auf einem „Berg" gehalten wurde.

Nach der Rede heißt es:

Als Jesus die Rede beendet hatte, war die Menge sehr betroffen von seiner Lehre; denn er lehrte wie einer, der Vollmacht hat, und nicht wie die Schriftgelehrten (7,28—29).

Die Bergpredigt selbst ist nicht sehr einheitlich, bringt sehr unterschiedliches Material und schneidet verschiedenste Themen an. Bis heute ist es den Gelehrten noch nicht so recht gelungen, in dieser Rede einen klaren Aufbau bzw. eine klare Gliederung zu entdekken. Vieles spricht dafür, daß die Bergpredigt bei Matthäus eine Komposition verschiedenster Überlieferungen ist.

Eine Predigt auf dem Feld

Verschiedene Überlieferungen, die Matthäus in „seiner" Bergpredigt zusammengestellt hat, finden sich auch in den andern Evangelien, besonders bei Lukas. Am meisten Berührungspunkte hat die Bergpredigt des Matthäus mit dem Abschnitt Lk 6,20—49. Auch diese Rede ist klar markiert. So heißt es in den Versen, die der Rede vorangehen:

Jesus stieg mit ihnen den Berg hinab. In der Ebene blieb er mit einer großen Schar seiner Jünger stehen, und viele Menschen aus ganz Judäa und Jerusalem und dem Küstengebiet von Tyrus und Sidon strömten herbei. Sie alle wollten ihn hören und von ihren Krankheiten geheilt werden. Auch die von unreinen Geistern Geplagten wurden geheilt. Alle Leute versuchten, ihn zu berühren; denn es ging eine Kraft von ihm aus, die alle heilte. Er richtete seine Augen auf seine Jünger und sagte: . . . (6,17—20)

Nach dem Redekomplex heißt es:

Als Jesus diese Rede vor dem Volk beendet hatte, ging er nach Kafarnaum hinein (7,1).

Die Rede selbst — sie wird im Unterschied zur Bergpredigt „Feldrede" genannt, weil Jesus sie „in der Ebene" oder „auf ebenem Feld" gehalten hat — ist viel kürzer als die Bergpredigt im Matthäusevangelium, und sehr viel Neues steht darin nicht; das heißt, das meiste, was in der Feldrede steht, findet sich auch in der Bergpredigt — hie und da freilich mit andern Akzentsetzungen. Aber nicht nur das. Es gibt in der Bergpredigt des Matthäus Sätze, die wir im Lukasevangelium außerhalb der Feldrede finden; und es gibt in der Feldrede des Lukas Sätze, die wir im Matthäusevangelium außerhalb der Bergpredigt finden. Der Verdacht verdichtet sich, daß die Komposition der beiden Reden, der Bergpredigt im Matthäusevangelium und der Feldrede im Lukasevangelium, im wesentlichen aufs Konto der Evangelisten geht.

Theologen unterwegs mit ihren Mitchristen

Die Verschiedenheiten der beiden Fassungen sind nicht zufällig. Aus dem Gesamt der beiden Evangelien kann man entnehmen, daß Matthäus und Lukas profilierte Theologen waren und daß darum ihre eigene Theologie in die Reden eingeflossen ist. Mehr noch: Weder Lukas noch Matthäus waren Schreibtischtheologen. Sie standen im regen Kontakt mit ihren Gemeinden, mit ihren Mitchristinnen und Mitchristen, so daß auch deren Anliegen und Fragen in die jeweiligen Texte eingeflossen sind. Das ist allerdings an jedem Vers, den wir lesen, eigens nachzuprüfen.

Hier ein Beispiel. Die erste Seligpreisung im Matthäusevangelium lautet:

Selig die Armen im Geiste,
denn ihnen gehört das Himmelreich.

Im Lukasevangelium steht dafür folgendes:

Selig ihr Armen,
denn euch gehört das Reich Gottes.

Die Frage, die sich stellt, ist nicht nur die, welcher der beiden Evangelisten dem ursprünglichen Wortlaut näher steht. Es geht uns ja letztlich nicht darum, eine „ursprüngliche" Bergpredigt oder Feldrede zu rekonstruieren. Jeder der Evangelisten hatte ein Anliegen. Und dieses Anliegen war nicht nur theologischer, sondern durchaus auch praktischer und seelsorglicher Art. Das heißt, die Evangelisten formulierten die Seligpreisung in einem ganz bestimmten Zusammenhang: Sie lebten mit Menschen, die ganz bestimmte Erfahrungen machten, die ein ganz bestimmtes Glaubensverständnis hatten. Ja, man kann sich fragen, ob nicht diese Menschen rings um die Evangelisten es waren, die die Seligpreisung ganz entscheidend mitprägten.

Eine andere Frage, die sich hier stellt: Im Lukasevangelium folgen den Seligpreisungen die Wehe-Rufe. Kannte Matthäus diese Wehe-Rufe nicht, oder hat er sie — aus welchen Gründen auch immer — weggelassen? War in den Gemeinden des Lukas der Reichtum ein so großes Problem, daß den Reichen das Wehe entgegengehalten werden mußte?

Etwas anderes ist wichtig festzuhalten. Bei beiden Evangelisten beginnt die Bergpredigt bzw. die Feldrede mit den Seligpreisungen. Sie dürften gewissermaßen das Vorzeichen sein, unter dem die ganze Rede verstanden werden sollte. Diese Einsicht wird in der Praxis oft vergessen, wenn man (fast) immer nur von den „Forderungen der Bergpredigt" spricht.

Unbekannte Vorgänger

Wie kommt es, daß Matthäus und Lukas, die beide um das Jahr 80 herum ihr Evangelium geschrieben haben, so viel gemeinsam haben? Wie ist das zu erklären, daß es in ihren Evangelien und besonders im Abschnitt der Bergpredigt bzw. der Feldrede so viele geradezu wörtliche Übereinstimmungen gibt? Hat der eine beim andern abgeschrieben?

Heute ist man allgemein der Überzeugung, daß nicht der eine vom andern abgeschrieben hat, sondern daß beide ein gemeinsames Dokument zur Verfügung hatten, das sie zur Abfassung ihrer Evangelien als Quelle benutzten. Dieses Dokument ist uns leider nicht erhalten geblieben; aber aus dem den beiden Evangelisten gemeinsamen Material versucht man es zu rekonstruieren. Das geschieht mit ziemlich großem Erfolg. Auf alle Fälle sind die meisten Bibelwissenschaftler der Meinung, in diesem Dokument — sie nennen es „Quelle", „Logienquelle" oder ganz einfach „Q" — sei bereits so eine Art „Bergpredigt" gestanden. Wie groß ihr Umfang war und wie straff sie gegliedert war, ist schwer zu sagen. Sicher ist, daß sie nicht einfach genauso ausgesehen hat wie die Bergpredigt im Matthäusevangelium oder die Feldrede im Lukasevangelium. Das ist auch nicht erstaunlich. Diejenigen, die die „Quelle" verfaßt haben, waren wieder Theologen mit eigenem Profil, und die Probleme und Anliegen ihrer Mitchristen waren noch einmal andere, und auszuschließen ist nicht, daß ihr Werk, noch bevor es in die Hände der Evangelisten fiel, verschiedene Überarbeitungen erfuhr.

Theologie erschöpft sich ja nicht darin, daß man Gehörtes Wort für Wort weitersagt, sondern daß man das Leben anhand des Gehörten zu interpretieren sucht. Und sehr oft werden dann diese Interpretationen zusammen mit den gehörten Worten selbst weitererzählt.

Das Leben ist mehr als der Text

Dies scheint mir eine wichtige Einsicht zu sein. Wer die Bergpredigt zitiert, zitiert nicht einfach einen „Text", er zitiert ein Stück Leben der ersten Christen. Wenn wir das immer vor Augen hätten, würden wir mit diesen

21

Texten behutsamer umgehen — wie man eben überhaupt behutsam mit dem Leben umgehen sollte.

Auch hierzu ein Beispiel. Am Schluß der Seligpreisungen steht bei Matthäus:

Selig seid ihr, wenn ihr um meinetwillen beschimpft und verfolgt und auf alle mögliche Weise verleumdet werdet. Freut euch und jubelt: Euer Lohn im Himmel wird groß sein. Denn so wurden schon vor euch die Propheten verfolgt (5,11—12).

Bei Lukas heißt es an derselben Stelle:

Selig seid ihr, wenn euch die Menschen hassen und aus ihrer Gemeinschaft ausschließen, wenn sie euch beschimpfen und euch in Verruf bringen um des Menschensohnes willen. Freut euch und jauchzt an jenem Tag; euer Lohn im Himmel wird groß sein. Denn ebenso haben es ihre Väter mit den Propheten gemacht (6,22—23).

Gewiß schöpften hier beide Evangelisten aus der gleichen Quelle; die zum Teil wörtlichen Übereinstimmungen legen es nahe. Aber was für einen Text in der Quelle wir auch immer rekonstruieren, er ist uns nicht gegeben, um den Leuten, die beschimpft und verfolgt werden, ein Trostpflästerchen zu verabreichen. Als erstes gibt uns der Text Einblick in eine Gemeinde oder eine Gruppe, die die Gegnerschaft ihrer Umwelt am eigenen Leib erfahren mußte und offensichtlich Mühe hatte, mit dieser Gegnerschaft umzugehen.

Und Jesus?

Ist Jesus in der Bergpredigt überhaupt noch faßbar? Gibt die Bergpredigt im Matthäusevangelium, im Lukasevangelium oder in der Quelle nur Einblick in das Leben der entsprechenden Gemeinden oder nicht auch Einblick in das, was Jesus meinte?

Mit großer Sicherheit darf man sagen, daß der

Grundbestand der Bergpredigt und auch das Grundanliegen der Bergpredigt auf Jesus selbst zurückgehen. Man sollte dabei aber nicht vergessen, daß Jesus nicht als Weisheitslehrer überzeitliche, ewige Wahrheiten verkündet hat. Er selbst stand in einer ganz bestimmten Umwelt. Es war die Welt des religiös und politisch zerrissenen Palästina. Die Menschen, die er angesprochen hat und deren Leben er teilte, waren Leute, die als „Aussteiger" der damaligen Gesellschaft den Rücken kehrten. Ohne Heimat, ohne Familie, ohne Besitz, ohne Schutz haben sie sich diesem Jesus angeschlossen. Dann waren aber unter den Zuhörern auch Leute, die in ihren Dörfern verwurzelt blieben, Jesus und den Jüngerinnen und Jüngern aber Obdach, Nahrung und Kleidung anboten, wo immer diese auftauchten. Die Jünger und Jüngerinnen als wandernde Charismatiker und die seßhaften Sympathisanten und Sympathisantinnen lebten einen je verschiedenen Lebensstil. Schon von diesen verschiedenen Lebensweisen her empfiehlt es sich nicht, alle Aussagen Jesu über denselben Kamm zu scheren. Mit anderen Worten: Es wird uns nicht viel nützen, wenn wir nur das herausfinden, was Jesus gesagt hat, wenn wir uns nicht auch ein Bild machen von den Leuten, zu denen Jesus gesprochen hat. Jesu Wort kommt nur auf dem „Resonanzboden" seiner Umwelt zum Tönen. Und zu dieser Umwelt gehört eben alles: die Politik, die religiösen Parteien, Galiläa, der Tempel in Jerusalem, die Ausbeutung der Armen, die Gewalt. Erst auf diesem Hintergrund erhält der Glückwunsch an die Armen einen Sinn; und wir werden uns hüten, diesen Glückwunsch unverzüglich auf uns zu übertragen, nur weil wir statt eines Mercedes einen VW-Käfer fahren . . .

Zum „Resonanzboden" gehört dann aber auch die ökonomische, politische und kulturelle Situation der frühen Christinnen und Christen in Syrien, Kleinasien,

Griechenland, Rom usw. Jesu Wort wird immer nur durch die glaubende Ant-Wort verschiedener Christen in je verschiedenen Lebenszusammenhängen zum Tönen kommen.

Gewiß sind wir auch am Ende dieses Abschnitts etwas hilflos gegenüber der Bergpredigt. Diese Hilflosigkeit sollen und dürfen wir uns eingestehen. So können wir nämlich sensibel werden, nicht nur für Worte und Sätze, sondern auch für das Leben, das Jesus ermöglicht hat. Und das Leben ist immer mehr als der Text.

III. DER GLÜCKWUNSCH AN
GESCHEITERTE

Selig die Armen;
denn ihnen gehört das Reich Gottes.
Selig, die hungern;
denn sie werden gesättigt werden.
Selig die Trauernden;
denn sie werden getröstet werden.

Am Beginn der Bergpredigt (Mt 5—7) und der Feldrede (Lk 6,20—49) stehen die sogenannten Seligpreisungen. Dieser Tatsache wird nicht immer genügend Rechnung getragen. Die Seligpreisungen — sie sind auch schon mit einem Säulenportal verglichen worden, das in ein großes Gebäude hineinführt — geben nicht nur die „Grundstimmung" oder den „Grundakkord" der Bergpredigt an, sie stellen ganz wesentlich die Weichen zum richtigen Verständnis der Bergpredigt überhaupt.

Der Weg zurück zur „Quelle"

Zum inhaltlichen Interesse an den Seligpreisungen gesellen sich auch ein formales und ein historisches. Wenn wir die Seligpreisungen der Feldrede (Lk 6,20b bis 26) neben diejenigen der Bergpredigt (Mt 5,3—12) stellen, sind wir ob der großen Unterschiede überrascht. Zwei Unterschiede springen vor allem in die Augen.

1. Die Liste der Seligpreisungen ist bei Matthäus mehr als doppelt so lang als bei Lukas. Die Frage liegt auf der Hand: Hat Matthäus von sich aus einige Seligpreisungen hinzugefügt, oder hat schon seine Vorlage

die Anzahl der Seligpreisungen erweitert? Haben vielleicht die Gemeinden ihre Erfahrungen in Form von neuen Seligpreisungen zum Ausdruck gebracht? Hat Lukas aus einer größeren Anzahl von Seligpreisungen eine Auswahl derer getroffen, die für ihn und seine Gemeinden besonders wichtig waren?

2. Lukas bringt nach den vier Seligpreisungen vier Wehe-Rufe. Vergebens sucht man sie bei Matthäus. Hat er sie weggelassen, weil er den Reichen und den Satten nicht zu nahe treten wollte? Sind sie von Lukas selbst gedichtet worden, weil für ihn die Reichen ein besonderes Problem darstellten? Können die Wehe-Rufe sogar auf Jesus zurückgeführt werden, oder ist Jesus eine so harte Sprache nicht zuzutrauen?

Aber auch die Seligpreisungen, die Matthäus und Lukas gemeinsam haben, weichen nicht unerheblich voneinander ab. Eine Gegenüberstellung soll das zeigen.

Matthäus	Lukas
Selig die Armen im Geiste;	*Selig, ihr Armen;*
denn ihnen gehört	*denn euch gehört*
das Himmelreich.	*das Reich Gottes.*
Selig, die hungern und dürsten	*Selig, die ihr jetzt hungert;*
nach der Gerechtigkeit;	
denn sie werden gesättigt	*denn ihr werdet gesättigt*
werden.	*werden.*
Selig, die trauern;	*Selig, die ihr jetzt weint;*
denn sie werden getröstet	*denn ihr werdet lachen.*
werden.	

Die Ähnlichkeiten der beiden Versionen lassen sich am besten wieder durch die gemeinsame Quelle erklären, aus der die beiden Evangelisten geschöpft haben. Die Fachleute scheuen keine Mühe, diese Quelle zu rekonstruieren, was ihnen weitgehend auch gelingt, wiewohl sie zugeben müssen, daß man zu letzten Sicherheiten nicht kommen kann. Die Rekonstruktion der Quelle für die drei genannten Seligpreisungen sieht ungefähr so aus:

Selig die Armen;
denn ihnen gehört das Reich Gottes.
Selig, die hungern;
denn sie werden gesättigt werden.
Selig, die trauern;
denn sie werden getröstet werden.

Ein Wort Jesu?

Damit ist natürlich noch nicht gesagt, daß Jesus auch so gesprochen haben muß; denn der Verfasser der Quelle kann ja mit den Seligpreisungen ebenso frei umgegangen sein wie seine Kollegen Matthäus und Lukas. Und doch. Die Fachleute sind ziemlich optimistisch. Nachdem sie bei Matthäus und Lukas alles herausgestrichen haben, was auf das Konto der Evangelisten gehen könnte („im Geiste", „nach Gerechtigkeit"; „jetzt"), stehen sie nun vor einer Form, wie sie einfacher nicht sein könnte. Das ist freilich noch nicht ein Beweis für die Ursprünglichkeit; Jesus muß ja nicht so extrem einfach gesprochen haben. [Schwerer ins Gewicht fällt die Tatsache, daß die so rekonstruierten Seligpreisungen sehr gut mit dem übereinstimmen, was Jesus auch sonst etwa verkündet und gelebt hat.] Ganz besonders fällt auf, daß sich Jesus in den Seligpreisungen an Leute richtet, die ihm auch sonst ans Herz gewachsen sind: die Armen, die Hungernden, die Trauernden. Dazu kommt, daß die Seligpreisungen von einem derart paradoxen Klang sind, daß man in der Umwelt Jesu nur schwerlich etwas Ähnliches findet. Und letztlich ist die ganze Paradoxie der Seligpreisungen nur verständlich auf dem Hintergrund der Ansage der Herrschaft Gottes. Und die Ansage der Herrschaft Gottes, die unmittelbar bevorstehende, ja jetzt schon anbrechende Herrschaft Gottes steht — auch sonst — im Zentrum der Verkündigung Jesu.

Nichts Neues?

An sich sind Seligpreisungen nicht etwas sehr Originelles. Schon lange vor dem Auftreten Jesu finden wir sie im Munde von Propheten und Weisen. So beginnt der 1. Psalm mit dem Wort:

Selig der Mann,
der nicht dem Rat der Frevler folgt,
nicht auf dem Weg der Sünder geht,
nicht im Kreis der Spötter sitzt,
sondern Freude hat an der Weisung des Herrn . . .

In den Psalmen Salomos (das sind Psalmen, die ungefähr zur Zeit Jesu gedichtet und dem König Salomo zugeschrieben wurden) lesen wir (18,7):

Selig,
wer in jenen Tagen lebt
und schauen darf des Herren Heil,
das er dem kommenden Geschlechte schafft . . .

Beide Seligpreisungen sind nicht schwer zu verstehen. Die Seligpreisung des 1. Psalms ist deutlich ethisch ausgerichtet. Sie ist an das Verhalten des Menschen geknüpft. Sie gilt demjenigen, der verständig lebt, so wie Gott es durch seine Weisungen und Gebote kundgetan hat. Die Seligpreisung der Psalmen Salomos gilt jenem, der an der kommenden neuen Welt Anteil erhalten wird, doch wohl auch deswegen, weil er hier in dieser Welt dem Glauben treu geblieben ist.

Beide Arten von Seligpreisungen sind durchsichtig und in gewissem Sinn auch logisch: Der Glückwunsch („selig") und dessen Begründung (ein Verhalten bzw. das Kommen des Heils) sind irgendwie einsichtig und zusammenhängend.

Anders bei den Glückwünschen Jesu, die wir uns nun etwas näher ansehen wollen.

Unvergleichlich und paradox

Zunächst ist zu beachten, daß „selig" nur eine hilflose Übersetzung dessen ist, was im Griechischen bzw. Aramäischen oder Hebräischen damit gemeint ist. Das Wort „selig" gibt es im heutigen Deutsch kaum noch, es sei denn — etwas antiquiert — in bestimmten Zusammenhängen. So spricht man etwa von der „Tante selig" oder „seligen Angedenkens": Damit ist die verstorbene Tante gemeint. Auch in Verbindung mit Trunkenheit taucht das Wort „selig" auf: Ein Mann oder eine Stimmung oder ein Fest kann als „weinselig" bezeichnet werden. Vielleicht hat es auch etwas mit Trunkenheit zu tun, wenn ein Verliebter oder ein Beschenkter von sich sagt, er sei „selig".

Diese Vorstellungshorizonte eignen sich für das biblische „selig" nicht. Moderne Übersetzungen suchen darum zu Recht nach anderen Übersetzungsmöglichkeiten wie „glücklich", „wohl", „freue dich". So restlos befriedigend sind auch diese Übersetzungsvorschläge nicht. Darum kommt man auch immer wieder auf das „selig" zurück; es ist ja dem christlichen Leser vertraut.

Die Seligpreisungen sind an erster Stelle Glückwünsche, Gratulationen, Zuspruch von Glück und Segen.

Es gilt nun aber gut hinzusehen, *wem* denn diese Glückwünsche gelten. Und da machen wir die erste erstaunliche Beobachtung: Sie gelten den Armen, den Hungernden und den Trauernden. Damit sind gewiß nicht drei verschiedene Menschengruppen gemeint. Jesus hat hier jeweils die gleichen Menschen vor Augen. Wer arm ist, der hat auch Hunger und ist traurig. Wer Hunger hat, ist eben arm. Unter keinen Umständen dürfen wir diese Ausdrücke „vergeistigen". Mit den Armen sind nicht jene Menschen gemeint, die „um des Reiches Gottes willen" auf ihren Reichtum verzichten. Mit den Hungernden sind nicht jene Leute gemeint, die zur Sühne für ihre Sünden fasten und sich abtöten. Mit den Armen, Hungernden und Trauernden sind jene Menschen gemeint, die eben nichts zu essen haben. Leute wie der arme Lazarus, der nach den Brosamen sucht, die vom Tisch des Reichen fallen; Leute wie der blinde Bartimäus, der sein Überleben erbetteln muß; Arbeitslose auch, die nicht wissen, wie sie ihre Familie durchbringen können und darum auf Bettel, Diebstahl und krumme Geschäfte angewiesen sind; Aussätzige, Gemiedene, Gefangene, Ausgestoßene.

Diese Leute werden von Jesus beglückwünscht. Und *darin* liegt das Paradox, das ganz einfach unvergleichlich ist. Es werden nicht Leute wegen ihrer Tugenden, wegen ihrer religiösen Einstellung, wegen ihrer Offenheit für Gott o. ä. beglückwünscht, sondern ganz einfach Leute, die arm sind und hungern.

Die Mitte der Verkündigung Jesu

Warum kann Jesus so etwas sagen? Er gibt die Erklärung selbst:

Denn ihnen gehört das Reich Gottes.

Die anderen Begründungen meinen grundsätzlich dasselbe: denn sie werden gesättigt werden; denn sie werden getröstet werden. Frei übersetzt könnte man die Aussage auch so formulieren: Die Armen, Hungernden und Trauernden sollen sich freuen und glücklich sein; denn Gott hat sich ihnen zugewandt. Nicht so sehr die Haltung der Angesprochenen kommt hier zur Sprache als vielmehr die Haltung Gottes: er ist es, der sich entschlossen den Armen und Hungernden zuwendet. Der Glückwunsch Jesu ist eine Proklamation, die Proklamation, daß die Herrschaft Gottes, seine Liebe und seine Gerechtigkeit jetzt schon bei den Armen und Hungernden ankommt.

Wir verstehen nun besser, warum diese Glückwünsche so gut in das Gesamt der Verkündigung und des Auftretens Jesu passen. Überall, wo Jesus auftritt, werden die Glückwünsche auch schon erfüllte Wirklichkeit: Die Schwiegermutter des Simon läßt er aufstehen; den Aussätzigen umarmt und heilt er; den Mann mit der gelähmten Hand stellt er in die Mitte des Synagogengottesdienstes; der Blinde kann wieder sehen usw. Wie von selbst erinnert man sich an ein Wort des Propheten Jesaja, das im Neuen Testament auch sonst eine große Rolle spielt, wenn man über Jesus und seine Sendung nachdenkt:

Der Geist des Herrn ruht auf mir;
denn der Herr hat mich gesalbt.
Er hat mich gesandt,
damit ich den Armen die frohe Botschaft bringe
und alle heile, deren Herz gebrochen ist,
damit ich den Gefangenen die Entlassung verkünde
und den Gefesselten die Befreiung,
damit ich ein Gnadenjahr des Herrn ausrufe ...
(Jes 61,1—2a)

Das Geheimnis des parteiischen Gottes

Es bleibt uns vor allem noch die Frage zu bedenken: Wie kommt Jesus zu einer solch paradoxen Aussage? Wie kommt Jesus dazu, so entgegen jeglicher Vernünftigkeit die Armen und Hungernden zu beglückwünschen? Wie kommt Jesus dazu, das Reich Gottes zu proklamieren und zu verkünden, Gott habe sich (ausgerechnet) den Armen und Hungernden zugewandt? Wer diese Frage stellt, soll sich bewußt sein, an ein Geheimnis zu rühren, bei dem man nur mit großer Scheu weiterfragen sollte: Es ist das Geheimnis der Person Jesu und damit auch das Geheimnis der Parteilichkeit Gottes. Sicher ist, daß Jesus auf dem Hintergrund des Propheten zu verstehen ist, von dem Jesaja spricht. Sicher

31

ist auch, daß die ersten Christen der festen Überzeugung waren, daß in Jesus Gott selbst auf den Plan getreten ist und sich den Armen und Hungernden zugewandt hat. Für die ersten Christen waren die Seligpreisungen vor allem Offenbarung des Erbarmens und der Gerechtigkeit Gottes. Erbarmen und Gerechtigkeit sind die Kennzeichen der Gottesherrschaft.

IV. MIT DEN SELIGPREISUNGEN
LEBEN

Selig die Armen im Geiste;
   denn ihnen gehört das Himmelreich.
Selig die Trauernden;
   denn sie werden getröstet werden.
Selig, die keine Gewalt anwenden;
   denn sie werden das Land erben.
Selig, die hungern und dürsten nach der Gerechtigkeit;
   denn sie werden satt werden.
Selig die Barmherzigen;
   denn sie werden Erbarmen finden.
Selig, die ein reines Herz haben;
   denn sie werden Gott schauen.
Selig, die Frieden stiften;
   denn sie werden Söhne Gottes genannt werden.
Selig, die um der Gerechtigkeit willen verfolgt werden;
   denn ihnen gehört das Himmelreich.
Selig seid ihr, wenn ihr um meinetwillen beschimpft
               und verfolgt und auf alle mögliche
               Weise verleumdet werdet.
   Freut euch und jubelt:
               Euer Lohn im Himmel wird groß sein.
               Denn so wurden schon vor euch
               die Propheten verfolgt (Mt 5,3—12).

Die Seligpreisungen oder Glückwünsche, wie sie uns
in der Bergpredigt (Mt 5,3—12) überliefert werden, lassen sich nur zum Teil auf Jesus selbst zurückführen.
Und im Munde Jesu tönten sie ganz anders. Jesus beglückwünschte die Armen, Hungernden und Trauernden, nicht weil sie besondere Verdienste gehabt hätten,

nicht weil sie besser gewesen wären als andere, nicht weil sie besonders offen gewesen wären für das Reich Gottes. Jesus beglückwünschte die Armen und Hungernden, weil sich Gott ihnen zugewandt hatte, weil sie die besonderen Lieblinge Gottes waren. In den Glückwünschen Jesu an die Armen und Hungernden proklamierte Jesus die Herrschaft Gottes als eine Herrschaft, die jetzt schon ihren Anfang nimmt, als eine Herrschaft, die Parteinahme für die Armen bedeutet, als eine Herrschaft, deren markanteste Kennzeichen Erbarmen und Gerechtigkeit sind.

Matthäus geht eigene Wege

Warum konnte Matthäus die Seligpreisungen Jesu nicht einfach so stehenlassen? Warum mußte er den Wortlaut der Seligpreisungen ändern? Warum mußte er die Seligpreisungen zahlenmäßig erweitern?

Wenn es uns gelingt, dem Vorgehen des Matthäus Verständnis entgegenzubringen, haben wir viel gewonnen, nicht nur für das Verständnis der Bergpredigt, sondern für das Verständnis des Christseins überhaupt.

Zwischen dem Auftreten Jesu und der Abfassung des Matthäusevangeliums ist fast ein halbes Jahrhundert ins Land gegangen. Die Dinge haben sich gewaltig verändert. Jesus lebte und wirkte in Galiläa. Er richtete seine Botschaft an kleine Leute jüdischer Herkunft. Er diskutierte mit Pharisäern und Schriftgelehrten. Später zog er nach Jerusalem.

Matthäus lebte und schrieb wahrscheinlich in Syrien. Seine Gesprächspartner waren Christen, hatten sich in Syrien doch schon recht bald christliche Gemeinden gebildet. Die Gemeinden selbst waren nicht gerade Prachtexemplare an Tugendhaftigkeit; Ermüdungserscheinungen machten sich bemerkbar. Im Matthäusevangelium ist ab und zu eine recht realistische

Einschätzung der Situation festzustellen. In verschiedenen Bildern kommt das gut zum Ausdruck. Auf dem Acker gibt es viel Unkraut (13,24—30.36—43). Im Netz, das ans Land gezogen wird, gibt es gute und schlechte Fische (13,47—50). Am königlichen Hochzeitsmahl nehmen Leute teil, die kein hochzeitliches Gewand tragen (22,11—14). Im ganzen ist die christliche Gemeinde eine Gemeinde von „Kleingläubigen" — ein Ausdruck übrigens, wie er für Matthäus typisch ist (vgl. 8,26; 16,8). In den Gemeinden gibt es Spannungen: „Bessere" Leute, die sich „Vater", „Lehrer" und „Meister" nennen lassen, sehen verächtlich auf die „Kleinen" hinab (23,1—12); ehrgeiziges Machtstreben, mangelnde Rücksichtnahme und Hartherzigkeit machen sich breit (18,1—35).

In einer solchen Situation macht man es sich zu einfach, wenn man die Worte Jesu „einfach so" weitererzählt. Die Treue zu Jesus zeigt sich nicht in der Starrheit der Überlieferung, sondern in der Offenheit gegenüber den neuen Situationen. Matthäus wollte nicht nur an die Zeit Jesu „erinnern"; er wollte den lebendigen Christus zu Worte kommen lassen. Er tat dies dadurch, daß er die Situation, in der er mit seinen Gemeinden stand, mit dem Wort Jesu konfrontierte und so dem Wort Jesu neue Akzente gab.

Arm „im Geist"

Matthäus stellte sich die Frage nach den *Konsequenzen* der Glückwünsche, die Jesus an die Armen richtete. Und er sagte sich: Wenn Jesus damals die Armen beglückwünschte, dann bedeutet das für mich und meine Gemeinden heute, daß wir selber auch arm werden müssen, daß unsere Gesinnung die Gesinnung der Armen sein muß, die nichts von sich selbst, aber alles von Gott erwarten. Wenn Jesus damals die Armen beglückwünschte, das heißt, wenn er so offensichtlich auf der Seite der Armen stand, dann bedeutet das für uns und unsere Gemeinden, daß auch wir auf der Seite der Armen stehen und mit ihnen solidarisch werden müssen. Und so änderte Matthäus den Glückwunsch an die Armen zu einer Verheißung an die Christen:

Selig die Armen im Geiste;
denn ihnen gehört das Himmelreich.

Man beachte die Akzentverschiebung. Der Glückwunsch *Jesu* richtete sich einfach an die Armen, an die Elenden, an die Armseligen und Geringen, an die, die nichts hatten. Jesus beglückwünschte sie, weil sich Gott auf ihre Seite gestellt hat. *Matthäus* beglückwünscht diejenigen, die in ihrer Gesinnung arm sind, die „im Geist" die Haltung von Armen einnehmen, die so mit den Armen solidarisch werden wollen. Indirekt fordert Matthäus so die Christen zu einer neuen Haltung auf, weil er glaubt, daß sie von Gott dazu ermächtigt sind: Gott selbst hat sich auf die Seite der Armen geschlagen; darum sollen auch die Christen für die Armen Partei ergreifen.]

Hungern „nach Gerechtigkeit"

Beim Glückwunsch Jesu an die Adresse der Hungernden wird sich Matthäus folgende Gedanken gemacht haben: Wenn Jesus damals die Hungernden beglückwünschte, weil Gott sich auf ihre Seite gestellt hat, dann bedeutet das für mich und meine Gemeinden heute, daß wir etwas gegen die Armut und den Hunger tun sollen. Und gegen den Hunger kann man am besten dadurch kämpfen, daß man die Güter gerecht verteilt. Hunger — auch der heutige Hunger in der Welt — ist immer Zeichen dafür, daß die Gerechtigkeit zu kurz kommt. So änderte Matthäus den Glückwunsch an die Hungernden zu einer Verheißung an die Christen:

Selig, die hungern und dürsten nach der Gerechtigkeit;
denn sie werden gesättigt werden.

Die Akzentverschiebung ist auch hier deutlich. Aus einer Proklamation an die Adresse der Hungernden wird eine Einladung an die Adresse der Christen: sich für Gerechtigkeit einzusetzen, zu hungern und zu dürsten nach der Gerechtigkeit. Matthäus kann seine Gemeinden zu einer solchen Einstellung auffordern, weil er der Überzeugung ist, daß sie von Gott dazu ermächtigt sind: Gott selbst hat sich auf die Seite der Hungernden geschlagen; darum sollen auch die Christen alles tun, damit Gerechtigkeit für alle verwirklicht wird.

Eine neue Ethik

Matthäus hat sein eigenes Vorgehen bei der Neuakzentuierung der Seligpreisungen gut überlegt; er ist nicht einer billigen Aktualisierung zum Opfer gefallen. Er hat erkannt, daß die ursprünglichen Glückwünsche Jesu zum Fundament einer neuen Ethik für Christen gemacht werden könnten. Das ist wohl der Grund, warum Matthäus auch noch weitere Seligpreisungen hinzugefügt hat. Die Seligpreisungen sollen umfassend sein — ähnlich den Zehn Geboten im Alten Testament. So wie die Zehn Gebote das Geschenk und die Grundlage für den Bund, den Gott am Sinai mit seinem Volk geschlossen hat, die Bedingungen auch für die Zugehörigkeit zum Volk Gottes waren, so sind für Matthäus die Seligpreisungen das Geschenk und die Grundlage, die Bedingungen auch für die Zugehörigkeit zum Reich Gottes, das Jesus verkündet hat. Die Seligpreisungen, die Matthäus — parallel zu den Glückwünschen Jesu — selbst verfaßt hat, lassen diese Funktion deutlich erkennen.

Selig, die keine Gewalt anwenden;
denn sie werden das Land erben.

Selig die Barmherzigen;
   denn sie werden Erbarmen finden.
Selig, die ein reines Herz haben;
   denn sie werden Gott schauen.
Selig, die Frieden stiften;
   denn sie werden Söhne Gottes genannt werden.

Bei der letzten Seligpreisung trifft sich Matthäus im wesentlichen wieder mit Lukas:

Selig seid ihr, wenn ihr um meinetwillen beschimpft
            und verfolgt und auf alle mögliche
            Weise verleumdet werdet.
   Freut euch und jubelt:
         Euer Lohn im Himmel wird groß sein.
         Denn so wurden schon vor euch
         die Propheten verfolgt.

Wieder schöpfen beide Evangelisten aus ihrer gemeinsamen „Quelle", wenn sie im einzelnen auch erheblich voneinander abweichen. Deutlich ist hier die Situation der verfolgten Gemeinde vorausgesetzt, eine Situation, die zwar nicht so recht in die Zeit des irdischen Jesus paßt, eine Situation aber, die deutlich den Ernst und die Freude konsequenten Jüngerseins zum Ausdruck bringt.

Weh euch, die ihr reich seid ...

Um die Seligpreisungen im Matthäusevangelium zu verstehen, mußten wir uns kurz mit der Situation der matthäischen Gemeinden auseinandersetzen. Etwas Analoges wäre nun zu tun, wollten wir die Wehe-Rufe im Lukasevangelium verstehen.

Doch weh euch, die ihr reich seid;
   denn ihr habt keinen Trost mehr zu erwarten.
Weh euch, die ihr jetzt satt seid;
   denn ihr werdet hungern.

Weh euch, die ihr jetzt lacht;
denn ihr werdet klagen und weinen.
Weh euch, wenn euch alle Menschen loben;
denn ebenso haben es ihre Väter mit den falschen
Propheten gemacht (Lk 6,24—26).

Ob Lukas die Wehe-Rufe selbst gebildet oder ob er
sie der Tradition entnommen hat, läßt sich nicht sicher
ausmachen. Ein Blick auf sein Werk — das Lukasevangelium und die Apostelgeschichte — zeigt, daß er wie
kaum ein anderer im Reichtum und im Besitz die große Bedrohung des Christseins und der Gemeinde sah.
Sein Idealbild von Gemeinde beschreibt Lukas in
Apg 2,44—45; 4,32.34—36:
Die Gemeinde der Gläubigen war ein Herz und eine
Seele. Keiner nannte etwas von dem, was er hatte,
sein Eigentum, sondern sie hatten alles gemein-
sam . . .
Es gab auch keinen unter ihnen, der Not litt. Denn al-
le, die Grundstücke oder Häuser besaßen, verkauften
ihren Besitz, brachten den Erlös und legten ihn den
Aposteln zu Füßen. Jedem wurde davon so viel zuge-
teilt, wie er nötig hatte . . .
Von den Jüngern, die Jesus nachfolgen, betont Lukas viel stärker als die andern Evangelisten, daß sie *al-*
les verlassen hätten (5,11.28). Die Erzählung vom reichen Kornbauern bringt nur Lukas. Er läßt ihm sagen:
Du Narr! Noch in dieser Nacht wird man dein Leben von
dir zurückfordern . . . Und Lukas zieht die Lehre daraus
für jeden: *So geht es jedem, der nur für sich selbst Schät-*
ze sammelt, aber vor Gott nicht reich ist (12,16—21).
Auch die Aufforderung, sich mit dem „ungerechten
Mammon" Freunde zu machen, findet sich nur im Lukasevangelium (16,9), ebenso die Erzählung vom reichen Prasser und vom armen Lazarus (16,19—31).
Der Beispiele gäbe es noch mehr. Lukas war der
Überzeugung, daß der Reichtum und das Sichklam-

mern an den Besitz für die Christen und die christliche Gemeinde die größte Bedrohung darstelle. Und deshalb war er auch überzeugt, daß er diese tödliche Bedrohung dadurch von der Gemeinde fernhalten müsse, daß er — im Namen Jesu — den Reichen und Satten und Lachenden und Falschen (wiederum nicht einfach vier verschiedene Personengruppen, sondern eine Haltung und eine Praxis, die dem Glauben zutiefst widersprechen) das Wehe entgegenschleudern müsse.

In Jesus selbst verwurzelt

Matthäus und Lukas und ihre jeweiligen Gemeinden haben die Seligpreisungen Jesu nicht einfach geistlos repetiert. Sie haben mit den Seligpreisungen gelebt und haben damit ganz neue Entdeckungen gemacht. Sie entdeckten die Vielfalt und die Größe christlichen Lebens und wurden sensibel für alles, was dieses Leben bedroht. Matthäus war überzeugt, daß Jesus Christus selbst Verwirklicher und Garant einer jeden Seligpreisung sei, die er selbst hinzugefügt hat — ist Jesus nicht *der* Gewaltlose, *der* Barmherzige, *der* Herzensreine, *der* Friedensstifter? Und Lukas war überzeugt, daß er sich bei seinen Wehe-Rufen über die Reichen auf Jesus selbst berufen könne – ist Jesus nicht selbst das Opfer der Reichen und Satten und Lachenden und Falschen geworden? So gilt denn auch für die Seligpreisungen des Matthäus wie für die Wehe-Rufe des Lukas: Ihre beste Erklärung ist Jesus Christus selbst.

V. SALZ UND LICHT

Ihr seid das Salz der Erde.
Wenn aber das Salz seine Kraft verliert,
womit soll man dann salzen?
Es ist zu nichts weiter nütze,
als daß es hinausgeworfen
und von den Leuten zertreten wird.

Ihr seid das Licht der Welt.
Eine Stadt, die auf dem Berge liegt,
kann nicht verborgen sein.

Man zündet auch nicht ein Licht an
und stellt es unter den Scheffel;
man stellt es vielmehr auf den Leuchter,
damit es allen leuchtet, die im Hause sind.

So soll euer Licht vor den Menschen leuchten,
damit sie eure guten Werke sehen
und euren Vater preisen, der im Himmel ist
(Mt 5,13—16).

Unmittelbar an die Seligpreisungen der Bergpredigt schließen sich Sätze an, die eine Einheit für sich bilden. Andererseits sind sie aber auch so etwas wie der Schlußpunkt der Seligpreisungen. Daß sie eine Einheit bilden, ist daraus ersichtlich, daß sie sich in Stil und Inhalt von den Seligpreisungen deutlich unterscheiden. Diese sind ja fast litaneiartig aneinandergereiht:
Selig die Armen im Geiste;
denn ihnen gehört das Himmelreich.
Selig die Trauernden;
denn sie werden getröstet werden.

Selig, die keine Gewalt anwenden;
  denn sie werden das Land erben ...
Wenn sich an diese Reihe Sätze anschließen wie:
  Ihr seid das Salz der Erde.
  Wenn aber das Salz seinen Geschmack verliert,
    womit soll man dann salzen? ...,
dann merkt man bald: hier wird eine andere Sprache
gesprochen, hier liegen andere Sachverhalte vor, hier
muß die Funktion der Sätze eine andere sein.

Andererseits ist aber auch nicht zu leugnen, daß die
Bildworte vom Salz und vom Licht mit den Seligprei-
sungen etwas zu tun haben. Die letzte Seligpreisung —
sie ist von Matthäus hier eingefügt worden — spricht
die Jünger *direkt* an:
  Selig seid ihr ...
  Freut euch und jubelt ...
Und ohne Übergang heißt es dann:
  Ihr seid das Salz der Erde ...
  Ihr seid das Licht der Welt ...
Sicher liegt dem Matthäus daran, den beglück-
wünschten Armen, Trauernden und Gewaltlosen eine
hervorragende Bedeutung für die Welt zu geben: Sie
sind Salz der Erde und Licht der Welt.

Diese Beobachtungen veranlassen uns, in den Sätzen vom Salz und vom Licht Aussagen zu sehen, die in
ihrem Grundbestand dem Evangelisten vorgelegen haben — möglicherweise in einem anderen Zusammenhang —, die er aber jetzt etwas überarbeitet, damit er
sie stimmig in die Bergpredigt einfügen kann.

Ein Blick in die Tradition

Vom Salz ist auch sonst in den Evangelien die Rede. In
Mk 9,49—50 lesen wir:
  Denn jeder wird mit Feuer gesalzen werden.

Der Zusammenhang im Markusevangelium legt nahe, daß damit die Prüfungen und Opfer gemeint sein könnten, die dem Jünger auferlegt werden: Sie sollen ihn läutern und in seiner ganzen glaubenden Existenz festigen. Das Salz hat ja auch reinigende und erhaltende Kraft und soll vor Fäulnis bewahren. Im Alten Testament brauchte man Salz für Opfer jeglicher Art; deshalb haben einige Handschriften unserem Satz (Mk 9,49) hinzugefügt:

Und jedes Opfer wird mit Feuer gesalzen werden.

Im Anschluß an Mk 9,49 heißt es dann:

Das Salz ist etwas Gutes;
wenn aber das Salz salzlos wird,
womit wollt ihr es würzen?

Und es folgt die Aufforderung:

Habt Salz in euch
und haltet Frieden untereinander!

Der Evangelist Lukas kennt eine etwas andere Tradition (14,34f):

Das Salz ist etwas Gutes;
wenn aber sogar das Salz seine Kraft verliert,
womit soll es wieder kräftig gemacht werden?
Es ist weder für das Erdreich
noch für den Dünger tauglich;
man wirft es hinaus.

Dieser Tradition folgt offensichtlich auch der Evangelist Matthäus:

. . . wenn aber das Salz seine Kraft verliert,
womit soll man dann salzen?
Es ist zu nichts weiter nütze,
als daß es hinausgeworfen
und von den Leuten zertreten wird.

Es ist kaum noch auszumachen, welches die ursprüngliche Form des Bildwortes war. Mit großer Wahrscheinlichkeit läßt sich aber sagen, daß der einleitende Satz *Ihr seid das Salz der Erde* von Matthäus gebildet worden ist. Es gelingt ihm mit diesem Satz, das Bildwort mit den Seligpreisungen zu verklammern. Die armen, trauernden, gewaltlosen und verfolgten Jünger und Jüngerinnen sind es, die den Auftrag und die Chance haben, Salz der Erde zu sein.

Kann man essen, was ungesalzen ist?

Was soll das aber für die Jünger bedeuten? Dem Bild vom Salz müssen wir noch etwas nachgehen. Vieles davon ist uns aus eigener Erfahrung bekannt.

Salz braucht man, damit die Speisen schmecken. *Kann man essen, was ungesalzen ist?* fragt Ijob (6,6). Man braucht ja nur einmal ein paar Tage lang auf Diät gesetzt worden zu sein, um festzustellen, wie fade und langweilig ungesalzenes Essen schmeckt.

Wie gesagt, braucht man das Salz auch zur Konservierung von Speisen. Im Alten Orient, wo es keine Kühlschränke gab, war das von besonderer Wichtigkeit.

Auf alle Fälle ist das Salz für die Speisen derart wichtig, daß man statt „miteinander essen" oder „miteinander Mahl halten" auch sagen konnte „miteinander Salz essen". Diesen Ausdruck gebraucht z.B. Lukas in Apg 1,4. Salz bedeutet dann soviel wie Gemeinschaft, Freundschaft, Bindung.

In Lev 2,13 lesen wir: *Alle deine Speiseopfer mußt du salzen. Nie darfst du das Salz des Bundes mit deinem Gott bei deinen Speiseopfern fehlen lassen.* Beim Jerusalemer Tempel gab es deshalb auch eine Salzkammer. Wer also „Salz" sagt, sagt auch „Bund", sagt „Zugehörigkeit zu Gott".

Salz wurde auch dem Feuer beigegeben, um die Leuchtkraft zu erhöhen.

Einen schönen Spruch finden wir bei den jüdischen Gesetzeslehrern. Sie sagten: „Die Tora [das Gesetz] gleicht dem Salz, die Mischna [die zuerst mündlich und dann schriftlich festgelegten Traditionen und Deutungen zum Gesetz] gleicht dem Pfeffer, die Gemara [die gelehrten Diskussionen und Erklärungen zur Mischna] gleicht den Gewürzen. Die Welt kann nicht ohne Salz, auch nicht ohne Pfeffer, auch nicht ohne Gewürze bestehen . . . So kann die Welt auch nicht ohne die Schrift und die Mischna und die Gemara bestehen."

Vergessen wir nicht: Wer „Salz" sagt, sagt auch „kleine Menge". Salz ist gering und unscheinbar — und hat doch eine große Wirkung. Salz wird nicht für sich gebraucht; es steht immer in Funktion zu etwas anderem, im Dienst von etwas anderem.

Ihr seid das Salz der Erde

Kehren wir nun zu unserem Bildwort zurück: *Ihr seid das Salz der Erde,* und behalten wir den Zusammenhang vor Augen. Die Aussage ist sehr vielsagend.

Es sind die Jünger und Jüngerinnen, das heißt die Armen im Geiste, die Verfolgten, die Gewaltlosen, die Friedensstifter, die Salz der Erde sind. Sie brauchen also — obwohl sie gering an Zahl sind, obwohl sie kaum beachtet werden — keine Minderwertigkeitskomplexe zu haben. Sie haben eine Aufgabe an der Welt zu erfüllen.

Die Armen, Gewaltlosen, Barmherzigen und Geschmähten fristen kein Leben in Abgeschiedenheit von der Welt; ihr Armsein, ihre Herzensreinheit usw. sind nicht Selbstzweck; die Jünger bilden nicht einen exklusiven, geschlossenen Verein. Sie sind Salz der Erde. Das beinhaltet Sendung und missionarische Dynamik. Sendung und missionarische Dynamik sind nicht etwas, was zur Jüngerschaft noch hinzukommt. Insofern die Jünger und Jüngerinnen nach Gerechtigkeit hungern, insofern sie Frieden stiften, insofern sie mit den

Armen solidarisch sind, sind sie auch schon wesentlich Salz der Erde.

So kann diese Sendung nun auch inhaltlich näher bestimmt werden. ⌈Salzsein hat etwas mit Armut, etwas mit Friedenstiften, etwas mit Gerechtigkeit, etwas mit Barmherzigkeit zu tun.⌉

Und letztlich kann man auch sagen: So wie die Welt ohne Salz nicht leben kann, so können die Menschen, können die Völker auch nicht ohne die Jünger leben. Es sind die armen, barmherzigen, gewaltlosen Jünger und Jüngerinnen Jesu, die die Welt vor Fäulnis bewahren, die das Leben lebenswert und schmackhaft machen, die die Gesellschaft reinigen. Freilich: Salz macht nicht nur die Speisen genießbar und bekömmlich; Salz kann auch brennen und beißen ...

Ihr seid das Licht der Welt

Nach dem Salz-Wort wollen wir uns nun auch mit dem anderen Bildwort auseinandersetzen.

Ihr seid das Licht der Welt.

Auch hier dürfte die Formulierung in direkter Anrede auf Matthäus zurückgehen. Das Bildwort selbst hat aber große Chance, von Jesus selbst zu stammen.

Man zündet nicht ein Licht an
und stellt es unter den Scheffel;
man stellt es vielmehr auf den Leuchter,
damit es allen leuchtet, die im Hause sind.

(Vgl. auch Mk 4,21; Lk 8,16 und 11,33). Der Scheffel war ein Getreidemaß von 8 bis 9 Litern. Ein hölzernes, vertieftes Gefäß, dessen Umrandung mit einem Eisenband verstärkt war, damit es länger hielt. Es fehlte in keinem Haushalt. Ein solches Gefäß über ein Licht, das heißt über ein Öllämpchen, stülpen war nicht nur die eleganteste, sondern auch die ungefährlichste und sicherste Art, das Licht auszulöschen. Das Licht erstickte, ohne daß im kleinen Raum unerträglicher Qualm entstand und ohne daß durch Auspusten Funken herumsprühen konnten.

Man zündet nicht ein Licht an, um es gleich wieder auszulöschen — so könnte man den Satz auch übersetzen. Das Licht oder besser gesagt: das Lämpchen löscht man nicht aus; man setzt es auf den Leuchter — das ist ein eiserner Halter mit hohem Fuß, worauf das angezündete Lämpchen seinen Platz hat.

Es gibt Forscher, die vermuten, Jesus habe dieses Bildwort ursprünglich auf sich selbst bezogen. Vielleicht in einer Situation, in der Freunde ihm zuredeten, er solle sich doch nicht den Haß seiner Gegner zuziehen, sondern sich zurückhalten und sich schonen. Jesu Bildwort wäre dann tatsächlich eine gute Antwort: „Man zündet doch nicht eine Lampe an, um sie gleich wieder auszulöschen. Auf den Leuchter gehört sie!"

Es ist nicht ausgeschlossen, daß dieses Jesus-Wort ursprünglich in einem solchen Zusammenhang stand. Später wäre es dann auf die Jünger und Jüngerinnen übertragen worden. Matthäus hat es auf alle Fälle in diesem übertragenen Sinn verstanden. Er leitet das Bildwort ein mit dem Satz:

Ihr seid das Licht der Welt.

Und er fügt an das Bildwort die aktualisierende Erklärung:

So soll euer Licht leuchten vor den Menschen,
damit sie eure guten Werke sehen
und den Vater preisen, der im Himmel ist.

Das Bildwort vom Licht beabsichtigt im großen und ganzen die gleiche Aussage wie das Bildwort vom Salz; darum wollen wir uns nicht länger damit aufhalten. Ein Detail verdient jedoch unsere Aufmerksamkeit:

Damit sie eure guten Werke sehen.

Was für Werke können hier gemeint sein? Wir gehen sicher richtig in der Annahme, daß hier keine anderen

47

Werke gemeint sein können als die in den Seligpreisungen aufgezählten. Wir haben andernorts festgestellt, daß Matthäus die ursprünglichen Glückwünsche neu akzentuiert hat: Die Glückwünsche an die Adresse der Armen und Unterdrückten sind zu Einladungen an die Jünger geworden, mit den Armen solidarisch zu werden und sich für die Unterdrückten einzusetzen. Solidarität mit den Armen, Hunger und Durst nach Gerechtigkeit: das sind die guten Werke, die der Welt Licht geben und die der Welt dazu verhelfen könnten, aus dem Dunkel der Kriege und der Unterdrückung und der Versklavung herauszufinden. Beachten wir gut: Ziel der guten Werke ist nicht der Ruhm der Jünger. Die Menschen, die die guten Werke der Jünger sehen, sollen nicht die Jünger preisen, sondern den Vater, der im Himmel ist. Der Ruhm und der Dank an den Vater dürften darin bestehen, daß die Menschen so leben, daß die Welt immer mehr zur Gerechtigkeit und zum Frieden findet.

Die Stadt auf dem Berge

Noch ein letztes Bildwort ist zu besprechen.
Eine Stadt, die auf dem Berge liegt,
kann nicht verborgen sein.
Vielleicht hat Jesus an eine bestimmte Stadt in Galiläa gedacht (Zefat?); vielleicht dachten er und seine Jünger auch an Jerusalem, der Stadt Gottes, die auf der Anhöhe liegt. Am Ende der Tage sollen alle Völker zu ihr hin wallfahren (vgl. Jes 2,1—5). Wie immer der Hintergrund des Bildes aufzufüllen ist, das Bildwort selbst bedarf kaum einer Erklärung. Eine Stadt auf dem Berge kann nicht verborgen bleiben. Man muß sie sehen.

Auf die Jüngerinnen und Jünger übertragen, bestätigt und verstärkt dieses Bildwort dasjenige vom Licht: Es wäre absurd, würde man ein Licht anzünden, um es gleich wieder auszulöschen. Es gehört zum Licht, daß es leuchtet. Es gehört zur Stadt auf dem Berge, daß man sie sieht. [Es gehört zur Jüngerschaft, daß sie sichtbar ist; die Jünger selbst müssen dabei nicht noch etwas dazuerfinden.] Die Tatsache des Jüngerseins genügt, daß die Menschen davon betroffen werden und in Bewegung geraten, Sinn und Orientierung finden.]

Und wir? Und heute?

Die Frage drängt sich auf, wie denn das Wort heute zu verstehen sei. Präziser: An wen geht denn heute das Wort: Ihr seid das Salz der Erde; ihr seid das Licht der Welt; ihr seid die Stadt auf dem Berge? Ich habe große Hemmungen, dieses Wort auf mich zu beziehen. [Ich habe aber auch große Hemmungen, dieses Wort einfach so auf die Kirche heute zu übertragen.] Ich denke hier eher an *jene Menschen* und Gemeinschaften, die innerhalb — und außerhalb — der Kirche die Seligpreisungen verwirklichen — oder doch zu verwirklichen suchen: an die *Armen,* an diejenigen, die mit den Unterdrückten *solidarisch* sind, an diejenigen, die *gewaltlos* für eine gerechtere Welt eintreten usw. Mag sein, daß ich auch einmal dazu gehöre; ich hoffe es. Mag sein, daß die Kirche als ganze einmal Salz der Erde und Licht der Welt sein wird; ich hoffe es. Wenn ich aber schon nicht zu diesen Menschen der Seligpreisungen gehöre, ist es für mich doch wichtig zu wissen, daß Menschen der Seligpreisungen, die heutigen Jesus-Jünger und -Jüngerinnen, mir Salz sein könnten, mir Licht sein könnten, mir den Sinn für Solidarität erschließen könnten. Eines ist sicher: Wer immer heute Salz der Erde und Licht der Welt sein will, darf nicht selbst zur Welt werden; er hat den eigenen, von Jesus Christus vorgezeichneten Konturen zu folgen, auch wenn er dabei zur öffentlichen Meinung in Gesellschaft — und Kirche — querstehen muß.

VI. KEIN JOTA UND KEIN HÄKCHEN

[17] *Meint nicht, ich sei gekommen, das Gesetz oder die Propheten aufzulösen. Ich bin nicht gekommen aufzulösen, sondern zu erfüllen.*

[18] *Denn amen, ich sage euch: Bis Himmel und Erde vergehen, wird gewiß nicht ein einziges Jota oder ein einziges Häkchen vom Gesetz vergehen, bis alles geschehen ist.*

[19] *Wer also nur eines von den kleinsten Geboten aufhebt und die Menschen entsprechend lehrt, der wird im Himmel der Kleinste sein. Wer sie aber hält und halten lehrt, der wird groß sein im Himmelreich.*

[20] *Darum sage ich euch: Wenn eure Gerechtigkeit nicht weit größer ist als die der Schriftgelehrten und der Pharisäer, werdet ihr nicht in das Himmelreich kommen* (Mt 5,17—20).

Ein harter Brocken

Mt 5,17—20 bildet den Vorspann zu den sogenannten Antithesen der Bergpredigt (Mt 5,21—47). „Antithesen" heißen sie, weil den dort zitierten Geboten des Alten Testaments *(Ihr habt gehört, daß zu den Alten gesagt worden ist . . .)* die autoritative Interpretation Jesu (*Ich aber sage euch: . . .*) gegenübergestellt wird. Das ist wichtig zu sehen. Der Abschnitt 5,17—20 erhält nämlich seine letzte Bedeutung von den Antithesen her.

Mt 5,17—20 ist ein sehr schwieriger Text, und bis auf den heutigen Tag haben sich die Gelehrten über seine Interpretation noch nicht bis ins letzte einigen können. Hier ist nicht der Ort, bis in die letzten Einzelheiten zu gehen; darum sei in groben Zügen nur auf jene

Punkte hingewiesen, über die bei den Exegeten einigermaßen Übereinstimmung herrscht.

Ein bißchen Matthäus . . .

Der Abschnitt Mt 5,17—20 bildet nicht eine glatte Einheit. Einerseits ist die Hand des Evangelisten Matthäus deutlich spürbar. So dürfte *Vers 17* als ganzer von ihm stammen. Die rhetorische Wendung *Meint nicht, ich sei gekommen* gebraucht der Evangelist auch noch in 10,34. Die Formulierung *Gesetz und Propheten* oder auch *Gesetz oder Propheten* ist dem Evangelisten sehr teuer (vgl. 7,12; 22,40; vgl. auch 11,13). Das Wort *erfüllen* ist ebenfalls ein Lieblingswort des Matthäus; er gebraucht es in seinem Evangelium sechzehnmal.

Auch der *Vers 20* dürfte von Matthäus gebildet worden sein. *Gerechtigkeit* ist eines seiner Herzworte (vgl. 3,15; 5,6.10; 6,1.33; 21,33). Die *Schriftgelehrten und Pharisäer* treten im Evangelium häufig auf (vgl. 12,38; 15,1; 20,18 und öfters); im Kapitel 23 wird ihnen siebenmal das *Wehe* entgegengeschleudert. Das *Reich der Himmel* oder das *Himmelreich* ist eine typisch matthäische Wendung.

. . . und ein bißchen Tradition . . .

Anders steht es mit den *Versen 18 und 19*. Matthäus hat sie höchstwahrscheinlich einer Vorlage entnommen, allerdings nicht ohne sie so überarbeitet zu haben, daß sie seiner theologischen Aussage am besten entsprechen. Ein Vergleich zwischen Mt 5,18 und Lk 16,17 macht das deutlich.

Mt 5,18:
   a) *Denn amen, ich sage euch:*
   b) *bis Himmel und Erde vergehen,*

c) *wird gewiß kein einziges Jota oder ein einziges Häkchen vom Gesetz vergehen,*

d) *bis alles geschehen ist.*

Lk 16,17:

a) —

b) *Leichter ist es, daß Himmel und Erde vergehen,*

c) *als daß ein einziges Häkchen des Gesetzes falle.*

d) —

Einig sind sich die Interpreten darin, daß die Einleitung des Satzes von Matthäus stamme: *Denn amen, ich sage euch.* Einig sind sich die Interpreten auch darin, daß die eigentliche Aussage, ein prophetisches Wort, sehr unschön und schwierig formuliert sei; denn zweimal steht das Wörtchen *bis*: *bis Himmel und Erde vergehen* und: *bis alles geschehen ist.* Das eine *bis*-Sätzchen ist wahrscheinlich von Matthäus hinzugefügt worden. Vermutlich das zweite. Aber sicher sind wir nicht.

Der *Vers 19*, ein sogenannter kasuistischer Gesetzesspruch, dürfte den Diskussionsrunden (christlicher) Gesetzeslehrer entstammen, die noch ganz im Judentum verwurzelt sind. Sie diskutieren über „große" und „kleine" und über „schwierige" und „leichte" Gebote, sie sind der Auffassung, daß der Lohn der Leistung entsprechen solle und daß das kleinste Gebot ebenso beobachtet und eingehalten werden müsse wie das größte.

... glücklich vereint

Ob es jetzt die Verse 17 und 20 sind, die von Matthäus formuliert wurden, oder die Verse 18 und 19, die der Evangelist offensichtlich aus bestimmten Traditionen übernahm, freilich nicht ohne auch sie nach seiner theologischen Einsicht überarbeitet zu haben — sicher ist, daß für Matthäus die Gebote auch in der christlichen Gemeinde ihre Gültigkeit haben müssen. Ja noch mehr:

Wenn eure Gerechtigkeit nicht weit größer ist als die der Schriftgelehrten und der Pharisäer, werdet ihr nicht in das Himmelreich kommen.

Die christliche Gemeinde unterscheidet sich von den Schriftgelehrten und Pharisäern dadurch, daß sie in weit größerem Maß der Gerechtigkeit verpflichtet ist. Dieser „größeren Gerechtigkeit" müssen wir noch weiter nachgehen.

Die Freiheit vom Gesetz . . .

Wenn der Evangelist Matthäus so sehr an der Gültigkeit der Gebote festhält — kein Jota (das ist der kleinste Buchstabe des hebräischen Alphabets) und kein Häkchen (das könnte auch irgendein verzierender Schnörkel sein) werden vom Gesetz vergehen; wenn der Evangelist Matthäus betont, Jesus sei nicht gekommen, das Gesetz oder die Propheten aufzulösen, sondern zu erfüllen, dann dürfen wir vermuten, daß in seinem Umkreis etwas anderes behauptet wurde. In der Tat finden wir im Neuen Testament Aussagen, die in eine entgegengesetzte Richtung weisen.

Von *Jesus* zum Beispiel wird erzählt, daß er das Sabbatgebot hintanstellte, wenn ein Mensch in Not war oder litt (vgl. Mk 3,1—6). Über die väterlichen Traditionen setzte er sich hinweg, wenn er es zuließ, daß seine Jünger mit ungewaschenen Händen ihre Mahlzeiten einnahmen (vgl. Mk 7,1—5).

Paulus behauptete, die Christen seien dem Gesetz gegenüber gestorben (Röm 7,4). Das will heißen, daß das Gesetz für die Christen nicht mehr Gültigkeit habe. Nach Paulus ist Christus gekommen, um die, die unter dem Gesetz stehen, freizukaufen (Gal 4,4—5); ja, Paulus konnte Christus als das *Ende des Gesetzes* proklamieren (Röm 10,4).

... kann zum billigen Schlagwort werden

Die Gefahren solcher Aussagen liegen auf der Hand, besonders wenn sie aus dem ganzen Argumentationszusammenhang des Apostels herausgerissen werden. Paulus selbst hat diese Gefahren bereits erkannt, ohne daß er seine befreiende Botschaft zurückbuchstabiert hätte. *Zur Freiheit seid ihr berufen* (Gal 5,13a) — das ist richtig; nur: *Nehmt die Freiheit nicht zum Vorwand für das Fleisch* [das heißt für euren Egoismus], *sondern dient einander in Liebe!* (Gal 5,13b). *Alles ist erlaubt* (1 Kor 6,12a) — das ist richtig; aber: *Nicht alles ist nützlich und gut* (1 Kor 6,12b). Es scheint, daß bereits Paulus gegen eine Richtung kämpfen mußte, die seine subtilen theologischen Aussagen zu billigen Schlagworten machte.

Gott selbst steht auf dem Spiel

Wenn man das Verhalten Jesu gegenüber dem Gesetz und die Äußerungen des Paulus über das Gesetz grundsätzlich in dem Sinne versteht, daß sie das Gesetz aufhöben, führt das zu derart weitreichenden Konsequenzen, daß ein klärendes Wort unbedingt notwendig wird.

1. Die falschverstandene „Freiheit vom Gesetz" führt früher oder später zu einem *Libertinismus,* wie man sagt, zu einem ethischen Zerfall. Die Leute werden nur mehr nach ihrem eigenen Gutdünken und nach ihrem eigenen Vorteil ihre Urteile fällen und schließlich übereinander herfallen.

2. Das Gesetz ist das große Geschenk Gottes an Israel. Und Israel hat das Gesetz nie bloß als drückend, sondern immer auch als lebenspendend erfahren. Man lese in diesem Zusammenhang den langen Psalm 119, der ein einziges großartiges Loblied auf das Gesetz ist. Falschverstandene „Freiheit vom Gesetz" würde bedeuten, daß die Geschichte Gottes mit seinem Volk Israel

belanglos, überholt, ja im Grunde genommen nichtig geworden wäre. Das aber würde bedeuten, daß nicht nur Israel, sondern auch sein Gott seine *Identität* verloren hätte. Etwas Schrecklicheres kann man sich gar nicht ausdenken.

Matthäus, ein Schriftgelehrter ...

Hilfreich für unsere Überlegungen könnte ein kurzer Blick auf die Person und auf die Situation des Evangelisten Matthäus sein. Es ist nicht ausgeschlossen, daß er sich in seinem Evangelium in 13,51 selbst charakterisiert: ein Schriftgelehrter, der Jünger des Himmelreiches geworden ist. Auf alle Fälle dürfen wir annehmen, Matthäus sei ein Gemeindelehrer in einer judenchristlichen Gemeinde (vielleicht in Syrien?) gewesen. Wie kaum ein anderer neutestamentlicher Schriftsteller ist er darauf bedacht, die „Schriftgemäßheit" der Ereignisse um Jesus aufzuzeigen. So ist es beispielsweise seine Spezialität, Erzählungen wie folgt abzuschließen: *Dies aber ist geschehen, damit erfüllt werde, was der Herr durch den Propheten gesagt hat* — oder ähnlich (vgl. 1,22; 2,15.17.23; 4,14; 8,17; 12,17; 13,35; 21,4; 27,9; 26,56). Dies betont Matthäus, obwohl (oder vielleicht weil?) er und seine Gemeinde(n) zum Teil bittere Erfahrungen machen mußten: Sie wurden von den Juden bzw. von den Pharisäern und Schriftgelehrten abgelehnt, sie wurden verfolgt und denunziert und ausgepeitscht (vgl. z.B. Mt 5,10—11; 10,17). Matthäus liegt alles daran aufzuzeigen: Auch wenn die Bande zwischen der christlichen Gemeinde und dem Gottesvolk Israel — soziologisch gesehen — zerschnitten sind, bedeutet das doch nicht, daß die christliche Gemeinde auf das sogenannte Alte Testament verzichten könnte. Im Gegenteil. Jesus war es, der das Alte Testament in seinem tiefsten Sinn erfüllt hat, und die Gemeinde Jesu soll in der Nachfolge Jesu stehen. Wenn Jesus den Sabbat übertrat, konnte er sich — nach dem Matthäusevangelium — sehr gut auf das Alte Testament berufen (12,1—8), und Matthäus war es eine Leichtigkeit aufzuzeigen, daß auch im Alten Testament das Liebesgebot unbedingten Vorrang vor dem Sabbatgebot hatte (9,13; 12,7). Israel — vor allem die führenden Kreise der jüdischen Bevölkerung zur Zeit Jesu: die Schriftgelehrten und Pharisäer, die Priester und Ältesten — Israel hat sich nicht an das Gesetz gehalten (vgl. auch 23,2f). Den „Sohn" haben sie abgelehnt (21,33—43). Darum wird von ihnen das Reich genommen und einem Volk gegeben, das seine Früchte bringt (21,43).

Das „wahre Israel" zeigt sich an den Früchten, die es hervorbringt (vgl. auch 7,16); *denn nicht jeder, der zu mir sagt: ‚Herr, Herr', wird ins Himmelreich eingehen, sondern wer den Willen meines Vaters im Himmel tut* (7,21). Christliches Tun ist nicht etwas, was mehr oder weniger konsequent christlichem Glauben folgt. Christsein ohne Handeln gibt es nicht; Handeln und Glauben fallen bei Matthäus in eins.

... Jünger des Himmelreiches geworden

Das ist freilich noch nicht alles. Aus dem bisher Gesagten könnte man ja den Schluß ziehen, Christen seien einfach bessere, vollkommenere Juden, die Christen seien deswegen das „wahre Israel", weil sie eben besser und vollkommener seien als die Schriftgelehrten und die Pharisäer (vgl. 5,20).

Schauen wir gut auf die Nuancen hin, besonders in jenen Sätzen unseres Abschnitts, die von Matthäus selber stammen.

Meint nicht, ich sei gekommen, das Gesetz oder die Propheten aufzulösen. Ich bin nicht gekommen aufzulösen, sondern zu erfüllen.

56

„Erfüllen" heißt es, nicht einfach nur „halten" oder „beobachten". Die Pharisäer und Schriftgelehrten haben das Gesetz und die Propheten einzuhalten versucht, und es ist ihnen — nach dem Verständnis des Matthäus — nicht gelungen: Sie haben sich nicht an das Gesetz gehalten. Jesus ist nicht gekommen, sich an das Gesetz zu halten, sondern das Gesetz zu erfüllen, das heißt, ihm seine ursprüngliche Bedeutung, die von den Menschen so oft verdunkelt worden ist (z.B. durch ihre Hartherzigkeit, vgl. 19,8), wieder zurückzugeben, den ursprünglichen Willen Gottes wieder zum Tragen kommen zu lassen. Jesus will in seinem Reden und Tun die eigentliche und ursprüngliche Absicht Gottes freilegen. In den folgenden Antithesen (5,21—47), aber auch sonst in den Evangelien zeigt sich gut, was Jesus — und Matthäus — damit meinen.

Und dann noch der andere Satz:

Denn ich sage euch: Wenn eure Gerechtigkeit nicht weit größer ist als die der Schriftgelehrten und der Pharisäer, werdet ihr nicht in das Himmelreich kommen.

Dieser Satz wäre kaum richtig verstanden, wollte man daraus schließen, die Jünger Jesu hätten sich genauer und mit größerer Gründlichkeit an die Gebote zu halten. Nicht um genaueres Gebotehalten geht es hier, sondern um die weit größere, weit vollkommenere Gerechtigkeit. *Gerechtigkeit* meint nicht einen Zustand, in dem man sich befindet, oder eine Tugend, die man „hat". „Gerechtigkeit" ist bei Matthäus das Dynamische und Sprengende des neuen Lebens, das durch den Anbruch des Gottesreiches für den Glaubenden möglich geworden ist. Maß dieser Gerechtigkeit ist darum nicht so sehr das Gesetz, sondern vielmehr Gott selbst: *Seid ihr also vollkommen, wie euer himmlischer Vater vollkommen ist* (5,48). Maß der Gerechtigkeit ist der Wille Gottes, wie er von Jesus erfüllt und getan wird.

Maß der Gerechtigkeit — so könnte man auch sagen — ist die Liebe, die im Zentrum der Verkündigung Jesu steht und die durch gesetzliche Reglementierungen nun einmal nicht festgelegt werden kann.

Altes und Neues

So hält Matthäus beides zusammen und holt als Hausherr Neues und Altes aus seiner Schatztruhe hervor (vgl. 13,51): Er hält fest an der *Gültigkeit des Gesetzes,* an der Bedeutung des „Alten Testaments", an der Identität und der Treue Gottes — das ist das Alte; und er gibt deutlich zu verstehen, daß Gesetz und Altes Testament und Treue Gottes *nur durch Jesus Christus gewährleistet* werden können — das ist das Neue. Das Gesetz behält seine ungeschmälerte Bedeutung (*kein Jota und kein Häkchen*); aber verankert sind die Bedeutung und die Autorität des Gesetzes in Jesus Christus. Er vertieft, radikalisiert und sprengt es: *Ich aber sage euch . . .*

VII. ICH ABER SAGE EUCH

*Ihr habt gehört, daß zu den Alten gesagt worden ist:
Du sollst nicht töten; wer aber jemanden tötet, soll
dem Gericht verfallen sein.*
*Ich aber sage euch: Jeder, der seinem Bruder auch nur
zürnt, soll dem Gericht verfallen sein* (Mt 5,21).

Die sogenannten Antithesen bilden innerhalb der Bergpredigt eine Einheit für sich. Es gibt Theologen, die den
Abschnitt mit den Antithesen als das Herzstück der
Bergpredigt ansehen. In der Tat ist zu vermuten, daß in
diesen Sätzen die Absicht Jesu — und die des Matthäus
— gerade durch die Gegenüberstellung der alttestamentlichen Gebote und ihrer Interpretation durch Jesus am deutlichsten zum Ausdruck gebracht wird. Das
Besondere der eigenen Meinung erhält ja um so deutli-
cheres Profil, je besser es gelingt, sie gegenüber anderen
Meinungen und Behauptungen abzugrenzen.

Die Komposition ist klar

Der Aufbau des Abschnittes mit den Antithesen ist
übersichtlich. Sechsmal wird ein Gebot aus dem Alten
Testament zitiert und dabei eingeleitet mit den Worten:
Ihr habt gehört, daß zu den Alten gesagt worden ist: ...,
oder: *Ihr habt gehört, daß gesagt wurde: ...* oder ganz
einfach: *Es ist auch gesagt: ...*
  Gemeint ist immer das gleiche. Mit den „Alten" ist
die Sinaigeneration gemeint. Und die Gebote, die ange-
führt werden, sind jeweils Gebote, die nach allgemeiner
Auffassung der Herr auf dem Sinai dem Mose gegeben

hat. *Ihr habt gehört* oder *Es ist gesagt* will also soviel bedeuten wie: „Es ist euer Glaube, der sich auf Gott beruft", oder: „Es ist die Offenbarung Gottes, die ihr in der Tradition von euren Vätern und Müttern erhalten habt."

Nach der Nennung des jeweiligen Gebotes kommt dann das überraschende *Ich aber sage euch.* Was hat denn Jesus zum Wort Gottes noch hinzuzufügen? Oder was hat er ihm denn entgegenzustellen? Das *Ich aber sage euch* ist wohl eines jener Worte, die am deutlichsten Einblick geben in die Eigenständigkeit und Autorität des Mannes aus Nazaret. Gewiß konnte es auch bei anderen Lehrern der damaligen Zeit vorkommen, daß sie ihre Argumentation mit dem Wort abschlossen: „Ich aber sage euch:..." Sie grenzten sich dabei aber von anderen Lehrmeinungen ihrer Kollegen ab. Das „Ich-aber-sage-euch" Jesu grenzt sich nicht gegenüber theologischen Lehrmeinungen ab, sondern gegenüber dem Wort Gottes, wie es in der gläubigen Tradition Israels weitergegeben wurde. Damit kommen eine Vollmacht und ein Anspruch zum Zuge, wie sie kaum noch überboten werden können.

Zu einer Einheit umklammert werden die Antithesen durch die Verse 20 und 48.

Vers 20 lautet:

Wenn eure Gerechtigkeit nicht weit größer ist als die der Schriftgelehrten und der Pharisäer, werdet ihr nicht in das Himmelreich kommen.

Vers 48 schließt ab:

Ihr sollt also vollkommen sein, wie es auch euer himmlischer Vater ist.

Der Verdacht ist unbegründet

Eine derart gut durchdachte literarische Komposition läßt nun freilich den Verdacht aufkommen, daß der

ganze Abschnitt Mt 5,20—48 nicht so sehr die Rede
Jesu wiedergibt als vielmehr das Ergebnis des literari-
schen und theologischen Arbeitens des Evangelisten
Matthäus darstellt. Oder als Frage formuliert: Kommt
in dem ganzen Abschnitt der historische Jesus zu Wort,
oder nicht viel eher der matthäische Christus?

Wir haben immer wieder feststellen können, daß das
eine viel zu einfache Alternative ist. Zugegeben: Vieles
ist in unserem Abschnitt nicht geklärt. Es ist nicht anzunehmen, daß Jesus die Rede je so gehalten hat, wie
Matthäus sie uns aufgezeichnet hat. Es ist nicht einmal
sicher, ob die Form der Antithesen (*Ihr habt gehört, daß
zu den Alten gesagt wurde: . . .; Ich aber sage euch: . . .*)
auf Jesus zurückgeht. Kein Zweifel dürfte aber bestehen, daß der Spruch gegen die Ehescheidung und die
Aufforderung, die Feinde zu lieben, auf Jesus zurückgehen, daß also in den Antithesen Herzensanliegen des
historischen Jesus von Nazaret enthalten sind. Niemand soll es dem Evangelisten Matthäus verargen,
wenn er das Material zu dieser Predigt, das er bruch-
stückweise in seinen Quellen vorfindet, zu einer ein-
prägsamen, eindringlichen und wohldurchdachten Rede komponiert. Der historische Jesus und sein Anliegen
sind dabei nicht untergegangen. Im Gegenteil: Matthäus ist es gelungen, das Anliegen Jesu so nur noch
besser ans Licht zu bringen.

Die Provokation ist erschreckend

Aber versuchen wir jetzt, konkret zu werden. Die erste
Antithese lautet:

*Ihr habt gehört, daß zu den Alten gesagt worden ist:
Du sollst nicht töten; wer aber jemanden tötet, soll
dem Gericht verfallen sein.*

*Ich aber sage euch: Jeder, der seinem Bruder auch nur
zürnt, soll dem Gericht verfallen sein.*

Zuerst ein paar Hinweise zum besseren Verständnis. Es ist klar, daß in der „These" ein Gebot aus dem Dekalog zitiert wird: *Du sollst nicht töten!* (Ex 20,13). Der zweite Teil, *Wer aber jemanden tötet, soll dem Gericht verfallen sein,* ist nicht mehr Zitat, sondern die im Alten Testament vorgesehene Strafe für Mord: *Wer einen Menschen so schlägt, daß er stirbt, wird mit dem Tod bestraft* (Ex 21,12 u.ö.). Das Wort *Gericht* in unserer „These" ist also mißverständlich. Die These will nicht sagen, der Mörder solle vor Gericht gestellt werden und das Gericht habe dann selbst zu sehen, wie es den Mörder bestrafen werde. Mit *Gericht* ist die Strafe gemeint. Besser würden wir also übersetzen: „Wer aber jemanden tötet, soll vor Gericht gestellt und zum Tod verurteilt werden." Ist diese Deutung richtig, und unter den Fachgelehrten gibt es hier kaum Zweifel, dann bedeutet das, daß wir das Wort *Gericht* auch in der „Antithese" auf diese Weise übersetzen müssen. Dort würde es dann heißen:

Ich aber sage euch: Jeder, der seinem Bruder auch nur zürnt, soll vor Gericht gestellt und zum Tod verurteilt werden.

Eine solche Übersetzung kann den Ernst und die Provokation, ja das Erschreckende der Aussage nur noch deutlicher hervortreten lassen.

Die Bewegung führt zum rettenden Gott

Vor allem ist dann aber wichtig, auf die *Bewegung* des Textes hinzusehen.

Wenn uns jemand sagt: „Du sollst nicht töten; wer aber jemanden tötet, soll vor Gericht gestellt und zum Tod verurteilt werden", dann wird uns das kaum sonderlich in Unruhe versetzen. Wie oft kommen wir denn schon in Gelegenheit, einen Mord zu begehen?!

Nun aber stellt sich etwas Eigenartiges ein. Unseren

Mangel an Gelegenheit (und unseren Mangel an Mut) legen wir als Tugend aus und bilden uns noch etwas darauf ein. Wir sagen: „Ich habe nicht gemordet. Wenigstens in diesem Punkt soll mir niemand einen Vorwurf machen. Was das Morden anbelangt, habe ich eine weiße Weste. Die Todesdrohung gilt auf alle Fälle nicht mir. Ich habe nicht gemordet. Ich stehe unbescholten da."

Als ob Jesus diese Rechtfertigungs- und Verteidigungsmechanismen durchschauen würde, fährt er fort:

Ich aber sage euch: Jeder, der seinem Bruder auch nur zürnt, soll vor Gericht gestellt und zum Tod verurteilt werden.

Und jetzt wird's gefährlich. Denn jetzt sind wir alle dran. Denn wer von uns könnte behaupten, er hätte gegenüber seinem Mitmenschen nicht einen Groll im Herzen? Und langsam, aber sicher verlieren wir den Boden unter den Füßen. Glaubten wir bis anhin, uns Gott gegenüber ins Recht setzen zu können, weil wir keinen Mord begangen haben, müssen wir uns jetzt als Mörder entlarven lassen, weil Jesus keinen Unterschied zu machen scheint zwischen einem Mörder und einem Menschen, der auf den andern zornig ist. Auf alle Fälle sind beide des Todes schuldig. Meinten wir bis jetzt, uns am Gesetz festklammern zu können, um wenigstens einen einzigen Ausweis zu haben, daß wir doch nicht so schlecht und doch nicht so todeswürdig sind, wird jetzt alles anders. Wir haben nichts mehr in der Hand, womit wir uns rechtfertigen könnten. Ich bin zornig; darum verdiene ich die Todesstrafe. Völlig nackt stehe ich da. Ich kann mich hinter keinem Gebot mehr verstecken. Völlig wehrlos bin ich Gott ausgeliefert, der allein mich vor dem Tod erretten kann. Mein Vertrauen geht nicht mehr auf mein Gebotehalten; der einzige, auf den ich hoffen kann, ist Gott: daß er mich vom Tod errettet.

Eines ist sicher: Jesu Antithese ist nicht im gleichen Sinn Gesetz wie das Gebot: *Du sollst nicht töten!* Jesu Antithese bringt den Menschen in eine Bewegung hinein, wie sie von einem Gesetz gar nicht erwartet werden kann. Diese Bewegung und die dahinterstehende Redeweise und Intention Jesu müssen wir künftig noch besser im Auge behalten.

VIII. EHEBRECHER!

*Ihr habt gehört, daß gesagt worden ist: Du sollst nicht
die Ehe brechen.
Ich aber sage euch: Wer eine Frau auch nur lüstern
ansieht, hat in seinem Herzen schon Ehebruch mit ihr
begangen* (Mt 5,27—28).

In der ersten Antithese hat Jesus aufgedeckt, daß alle
Menschen Mörder sind. Nicht erst der Totschläger und
Mörder verdient die Todesstrafe, sondern schon der,
der sich im Zorn gegen seinen Mitmenschen erhebt. Im
Zorn macht sich der Mensch daran, dem Mitmenschen
Existenz und Lebensrecht abzusprechen. Mord und
Totschlag, Krieg und Vernichtung nehmen im Zorn ih-
ren Anfang.

Gier, die besitzen will = Ehebruch

Läßt sich dieser Sachverhalt auch auf andere Gebote
übertragen? Betrachten wir die zweite Antithese.
*Ihr habt gehört, daß gesagt worden ist: Du sollst nicht
die Ehe brechen.
Ich aber sage euch: Wer eine Frau auch nur lüstern
ansieht, hat in seinem Herzen schon Ehebruch mit ihr
begangen.*
Auch hier zuerst einige Hinweise zum besseren Verständnis des Textes. Die „These" zitiert wiederum ein
Gebot aus dem Dekalog (vgl. Ex 20,14). Die Strafe, die
für dieses Delikt vorgesehen ist, wird in der „These"
zwar nicht zitiert; aber aus dem Alten Testament wissen
wir nur zu gut, daß auf Ehebruch die Todesstrafe steht:

Ein Mann, der mit der Frau seines Nächsten die Ehe bricht, wird mit dem Tod bestraft, der Ehebrecher samt der Ehebrecherin (Lev 20,10).

Entsprechend der ersten Antithese müssen wir also auch hier ergänzen: „Wer aber die Ehe bricht, soll vor Gericht gestellt und zum Tod verurteilt werden." Parallel dazu müßte auch die Stellungnahme Jesu interpretiert werden:

„Jeder, der eine Frau auch nur lüstern ansieht, ist ein Ehebrecher; er soll vor Gericht gestellt und zum Tod verurteilt werden."

Wir merken auch hier, wie überaus provozierend die Stellungnahme Jesu ausfällt.

Es dürfte nicht unnütz sein, noch einen Augenblick beim Gebot aus dem Dekalog und dessen Interpretation zur Zeit Jesu zu verweilen. Dabei ist es am besten, von der Vorstellung auszugehen, daß der Mann der Baal, das heißt der Herr der Frau ist. Mit anderen Worten: Die Frau ist Besitz des Mannes. Ein Mann, der mit der Frau oder Verlobten seines Nachbarn sexuell verkehrt, vergreift sich gewissermaßen am Eigentum seines Nachbarn; er bricht die Ehe seines Nachbarn. Wenn ein verheirateter Mann mit einer ledigen Frau sexuell verkehrt, ist das nicht Ehebruch im eigentlichen Sinn; er treibt höchstens Unzucht. Seine eigene Ehe kann der verheiratete Mann ja nicht brechen, sondern immer nur die des Nächsten.

Man sieht deutlich, wie die ganze Gesetzgebung immer wieder und fast immer nur vom Mann her denkt. Bei Jesus ist das im Grunde genommen nicht anders. Er will aber eine solche Gesetzesinterpretation unterlaufen; die Frau hat dann große Chance, ernst genommen zu werden.

Noch ein Hinweis sei erlaubt. Wie immer die deutschen Übersetzungen den ursprünglichen Text wiedergeben, der Sachverhalt dürfte klar sein. Man kann den

Vers 28 entweder so übersetzen: „Jeder, der eine Frau ansieht, um sie zu begehren . . .“, oder auch so: „Jeder, der eine Frau mit Begierde (oder lüstern) ansieht . . .“ In jedem Fall handelt es sich um ein *besitzenwollendes Verlangen,* was hier in der Antithese dem Ehebruch gleichgesetzt wird.

Die Bewegung zum rettenden Gott hin

Auch bei dieser Antithese ist es ratsam, auf die *Bewegung* des Textes zu achten. Wenn uns jemand sagt: „Du sollst nicht die Ehe brechen; wer die Ehe bricht, soll vor Gericht gestellt und zum Tod verurteilt werden“, dann wird uns das wahrscheinlich nicht sehr beunruhigen. So mal der eine oder der andere Flirt mag ja noch angehen. Aber gerade die Ehe brechen? Nein, Ehebrecher bin ich nicht. Das liegt mir fern. Schon 31 Jahre bin ich verheiratet, und noch nie habe ich die Ehe gebrochen.

Und wieder stellt sich unter der Aussage *Du sollst nicht die Ehe brechen!* etwas Seltsames ein. Wir können sagen: „Ich habe noch nie die Ehe gebrochen!“ und schon meinen wir, damit sei es getan. „Man soll mir vorwerfen, was man will, aber ein Ehebrecher bin ich nicht. Wenigstens in diesem Punkte habe ich eine weiße Weste. Die Todesdrohung gilt nicht mir. Ich bin kein Ehebrecher. Ich stehe unbescholten da.“

Und als ob Jesus diese Rechtfertigungs- und Verteidigungsmechanismen durchschauen würde, fährt er fort:

Ich aber sage euch: Wer eine Frau auch nur lüstern ansieht, hat in seinem Herzen schon Ehebruch mit ihr begangen.

Und jetzt wird's wieder gefährlich. Denn jetzt sind wir wieder (fast) alle dran. Glaubten wir bis anhin, eine weiße Weste zu haben, uns Gott gegenüber ins Recht setzen zu können, weil wir keinen Ehebruch begangen haben, müssen wir uns jetzt als Ehebrecher entlarven lassen. Denn Jesus scheint keinen Unterschied zu machen zwischen der Tat des Ehebruchs und der entwürdigenden Gier des Besitzenwollens. Des Todes sind wir alle schuldig. Und wenn wir bis anhin meinten, uns am Gebot festklammern zu können, um wenigstens diesen einzigen Ausweis haben zu können, daß wir doch nicht so schlecht und so todeswürdig sind wie jene bösen Ehebrecher, wird jetzt alles anders. Wir haben nichts mehr in der Hand, womit wir uns rechtfertigen könnten. Nackt und bloß stehen wir da, wehrlos jenem Gott ausgeliefert, der allein uns vom Tode retten kann. So geht auch unser Vertrauen nicht mehr auf unser Gebotehalten. Der einzige, auf den wir hoffen können, ist Gott: Er allein kann uns vom Tod erretten.

Nicht Gesetz . . .

Die Antithese Jesu ist nicht ein Gesetz. Ein Gesetz muß man doch halten können; und wer kann die Aufforderung Jesu schon halten? Ein Gesetz muß doch durchgeführt werden können; aber welcher Kriminalbeamte sollte denn meinen begehrlichen, besitzenwollenden Blick festhalten können? Ein Gesetz muß sich einfügen können in das ganze Gesetzesgefüge, und es darf ihm nicht widersprechen; welcher Richter sollte mich aber verurteilen und richten, wenn im gleichen Gesetzbuch die Bestimmung zu finden ist: *Richtet nicht, damit ihr nicht gerichtet werdet!*? (Mt 7,1)

Nein, ein Gesetz ist es nicht, was da Jesus verkündet. *Es ist viel mehr.* Es ist eine prophetische Provokation, eine Vision auch und eine Verheißung. Darum macht mich das Wort Jesu nicht einfach nur kopfscheu; es bringt mich in Bewegung, es nimmt mir meine Sicherheiten und stellt mich als armen Sünder vor Gott. Hier, unmittelbar vor dem Anspruch Gottes, ist aber auch der Ort meiner Freiheit, meiner Zukunft, meines Glaubens und Hoffens.

... sondern zukunftsträchtige Vision

Jesu Antithese gibt mir nämlich Einblick in eine großartige Vision, in eine Vision, die ungemein zukunftsträchtig ist. Sie spricht von einem Menschen, der weiß, daß die Liebe zwischen Mann und Frau die Liebende wie den Geliebten ganz meint. Die Verheißung Jesu beansprucht einen Menschen, der sich der Gefahr bewußt ist, daß eine solche ganzheitliche Liebe durch jedes „Spiel mit dem Feuer" in ihrem Kern erschüttert wird. Jesus zeichnet einen Menschen, der der Versuchung solcher Zersplitterung seine ganze und ungeteilte Liebe entgegenzusetzen weiß.

Nicht Selbstbeherrschung bis zur Abtötung eines jeden ungeregelten sexuellen Verlangens wird hier propagiert. Es ist von einem Menschen die Rede, der von der Ganzheit der Liebe zu seinem Partner erfüllt ist und der jede Zersplitterung dieser Liebe von sich weisen kann.

Ob eine solche Verheißung für uns je einmal realisierbar wird? Lassen wir diese Frage vorerst noch einmal offen und seien wir dankbar, daß Jesus mindestens eine Vision dessen entwirft, was eigentlich sein sollte und was Voraussetzung dafür wäre, daß der Mann der Frau in Wahrheit Partner sein kann — und umgekehrt.

IX. WAS GOTT VERBUNDEN HAT . . .

Es ist auch gesagt: Wer seine Frau entläßt, soll ihr eine Scheidungsurkunde geben.
Ich aber sage euch: Jeder, der seine Frau entläßt, außer wegen Unzucht, veranlaßt ihren Ehebruch, und wer eine Entlassene heiratet, begeht Ehebruch
(Mt 5,31—32).

Das Problem der Ehescheidung (und der Wiederverheiratung) gab in den christlichen Kirchen immer wieder Anlaß zu heftigen Diskussionen. Schon im Judentum zur Zeit Jesu hat es die Gemüter erhitzt. Jesus selber ist auch hier eigene Wege gegangen.

Gründe für die Ehescheidung

Daß ein Mann seine Frau entlassen kann — man achte gut auf diese Formulierung: der Mann entläßt die Frau, nicht umgekehrt! —, daß ein Mann seine Frau entlassen kann und unter Umständen sogar entlassen muß, war im damaligen Judentum kaum diskutiert. Zur Diskussion Anlaß gab der *Grund:* Was für ein Grund muß vorliegen, damit ein Mann seine Frau fortschicken kann bzw. fortschicken muß? Mit anderen Worten: Was für ein Grund muß vorliegen (und er ist natürlich bei der Frau zu suchen), damit die Ehe geschieden werden kann oder muß? Zur Zeit Jesu gab es unter den Gelehrten zwei Richtungen: die strengere, vertreten durch den Gelehrten *Schammai,* und die liberalere, vertreten durch den Gelehrten *Hillel.* Während Schammai die Auffassung vertrat, daß als Grund für die Ehescheidung nur der Ehebruch der Frau in Frage kommen könne (der Mann kann ja seine eigene Ehe nicht brechen), war Hillel der Meinung, daß der Mann seine Frau aus jedem x-beliebigen Grund entlassen könne. Wenn die Frau die Suppe anbrennen läßt, kann das für den Mann Grund genug sein, seine Frau zu entlassen.

Diese verschiedenen Stellungnahmen gründen in einer je verschiedenen Interpretation eines Gebotes, das wir im Alten Testament finden. In Dtn 24,1—4 lesen wir:

Gesetzt den Fall, ein Mann heiratet und findet dann etwas an der Frau, das ihm zuwider ist, stellt ihr eine Scheidungsurkunde aus und schickt sie weg. Wenn nun ein zweiter Mann die Frau heiratet und sie ebenfalls mit einer Scheidungsurkunde wegschickt oder auch stirbt, darf ihr erster Mann sie nicht wieder zur Frau nehmen; denn sie ist für ihn unberührbar geworden. Sonst würde er den Herrn beleidigen. Ihr dürft das Land, das der Herr, euer Gott, euch geben wird, nicht durch solch ein Vergehen entweihen.

Die „Gute Nachricht", der wir hier folgen, spricht von „etwas, das ihm zuwider ist", eine andere Übersetzung spricht von „etwas Widerwärtigem", wieder eine andere von „etwas Anstößigem". Es kommt alles ungefähr aufs gleiche heraus, nur daß man eben nicht mit Sicherheit weiß, was dieses Anstößige oder Widerwärtige konkret ist. Ist der Sachverhalt des „Widerwärtigen" schon dann gegeben, wenn die Frau mit aufgelöstem Haar über die Straße geht, oder erst dann, wenn sie die Ehe bricht? Da sich die Gelehrten diesbezüglich nicht einigen konnten, war es zur Zeit Jesu wirklich so, daß Ehen sehr leichtfertig geschieden wurden. Tatsächlich: aus jedem x-beliebigen Grund.

Jesu unmißverständliche Stellungnahme

Jesus war zu seiner Zeit nicht der einzige, der gegen die leichtfertige Ehescheidung Stellung bezog. Seine Eigenheit besteht darin, daß er das mit großem Nachdruck und ohne irgendwelche Ausnahme tat. Es gibt eine ganze Reihe von Zeugnissen im Neuen Testament, aus denen die Stellung Jesu zu dieser Frage unmißverständlich hervorgeht. Hier eine kleine Zusammenstellung:

Mk 10,9   *Was Gott verbunden hat, das soll der Mensch nicht trennen* (= Mt 19,6).

Mk 10,11.12   *Wer seine Frau entläßt und eine andere heiratet, begeht ihr gegenüber Ehebruch. Und wenn sie ihren Mann entläßt und einen andern heiratet, begeht sie Ehebruch* (vgl. auch Mt 19,9).

Mt 5,32   *Jeder, der seine Frau entläßt, außer wegen Unzucht, veranlaßt ihren Ehebruch, und wer eine Entlassene heiratet, begeht Ehebruch.*

Lk 16,18   *Jeder, der seine Frau entläßt und eine andere heiratet, begeht Ehebruch, und wer eine von ihrem Mann Entlassene heiratet, begeht Ehebruch.*

Aus den letzten beiden Stellen läßt sich ein Wort rekonstruieren, das ursprünglich (in der Quelle) so gelautet haben mag:

Jeder, der seine Frau entläßt, begeht Ehebruch, und wer eine Entlassene heiratet, begeht Ehebruch.

Dieses Wort — wenigstens der erste Teil — hat gute Chancen, auf Jesus selbst zurückzugehen.

Erinnert sei auch noch an ein Wort des Paulus: *Den Verheirateten befehle nicht ich, sondern der Herr: Die Frau trenne sich nicht von ihrem Manne ... ebenso soll der Mann die Frau nicht entlassen* (1 Kor 7,10—11).

Aus der Zusammenstellung dieser Ehescheidungs-

Logien im Neuen Testament gehen zwei Dinge mit aller Deutlichkeit hervor:

1. Es besteht kein Zweifel, daß Jesus ganz entschieden gegen die Ehescheidung Stellung bezogen hat.

2. Die christlichen Gemeinden und ihre Theologen haben um dieses Jesuswort gerungen und es dem jeweiligen soziokulturellen Kontext anzupassen versucht. Die Verschiedenheiten in der Überlieferung des Jesuswortes dürften aus diesem Bemühen zu erklären sein.

Warum aber diese unerbittliche Härte der Stellung Jesu zur Ehescheidung? Mußte er denn nicht ahnen, wie viele Eheleute er durch seine rigide Haltung ins Unheil stürzte? Steht seine starre Haltung in dieser Frage nicht im Gegensatz zur verzeihenden Liebe Gottes?

Wer nach der Ehe fragt, bekommt es mit Gott zu tun

Einen guten Kommentar zu unserer Antithese bietet das Neue Testament selbst. Mk 10,1ff (vgl. auch Mt 19,1ff) berichtet, daß Pharisäer zu Jesus gekommen seien, um ihn auf die Probe zu stellen. Sie fragten ihn, ob es dem Manne erlaubt sei, seine Frau zu entlassen. Offensichtlich sollte Jesus zum Gelehrtenstreit zwischen Schammai und Hillel Stellung beziehen. Auf die Frage Jesu, was denn Mose vorgeschrieben habe, antworteten die Pharisäer: „Mose hat erlaubt, einen Scheidebrief auszustellen und damit die Frau zu entlassen." Sicher nahmen sie damit Bezug auf Dtn 24,1—4. Die Antwort Jesu ist bemerkenswert: *Wegen eurer Herzenshärte hat Mose euch diese Verordnung geschrieben. Von Anbeginn der Schöpfung aber schuf Gott sie als Mann und Frau . . .* Das Gefälle der Argumentation ist deutlich: Nicht die Frage nach Erlaubnissen („ist es erlaubt . . .?"), nicht die Frage nach Zugeständnissen und Ausnahmen ist hier entscheidend. Das ist alles Menschenwerk, wodurch die Menschen — und allem voran die Männer — sich Gott und sich selbst gegenüber ins Recht setzen wollen. Wenn es um die Ehe geht, ist einzig und allein der ursprüngliche, freie Wille Gottes, seine eigentliche Absicht entscheidend, das, was „von Anbeginn der Schöpfung" her war.

Deutlich ist hier die prophetische Stoßrichtung Jesu sichtbar. Durch all das Gestrüpp von Geboten und Verboten, von Zugeständnissen und Ausnahmen hindurch bringt Jesus die ursprüngliche Absicht Gottes zum Tragen und stellt den Menschen einmal mehr in die Unmittelbarkeit zu Gott. Gott hat die Menschen als Mann und Frau erschaffen. Und *deshalb wird der Mann Vater und Mutter verlassen, und die zwei werden ein Fleisch sein. Sie sind also nicht mehr zwei, sondern eins. Was aber Gott verbunden hat, das darf der Mensch nicht trennen* (Mk 10,6—9).

Hier wird noch einmal deutlich, daß es Jesus nicht um ein neues Gebot geht. Gesetze — das zeigt die lange schmerzliche Erfahrung — werden den Willen Gottes immer mehr verdunkeln, als daß sie ihn zum Zuge bringen würden. Menschen werden immer über Gesetze herfallen und sie zu ihren Gunsten interpretieren oder sie zum Anlaß nehmen, um über andere zu urteilen. Durch die ganze Brüchigkeit menschlicher Existenz hindurch sieht Jesus den ursprünglichen Willen Gottes, der einen Menschen meint, der in unverbrüchlicher Treue zu seinem Partner steht, derart, daß die Scheidung im Denken eines solchen Menschen überhaupt keinen Platz mehr hat. Nicht wegen des Gesetzes, nicht wegen des Kirchenrechts, sondern weil eine solche Liebe und Treue die Scheidung gar nicht mehr zulassen kann.

Für den Menschen möglich?

Ob eine derart unverbrüchliche Treue für den Menschen möglich ist, ob die prophetische Vision der Ehe, wie Jesus sie verkündet, für den Menschen realisierbar ist, danach fragt Jesus nicht. Er scheint aber restlos überzeugt zu sein, daß derjenige, der sich glaubend auf die ursprüngliche Absicht Gottes einläßt, auch dieser Absicht Gottes entsprechen wird.

Die Ehe, wie Jesus sie sieht, hat gewiß etwas mit der Herrschaft Gottes zu tun, die Jesus verkündet. Daß wir Menschen hinter dem Zuspruch und Anspruch Gottes immer nur nachhinken, ist unsere Tragik. Die Utopie der Herrschaft Gottes, aber auch die Utopie der unverbrüchlichen Treue der Ehepartner zueinander ist für uns Menschen, solange wir leben, nicht einholbar und nicht einlösbar. Das berechtigt uns aber nicht, an der ursprünglichen Absicht Gottes, wie Jesus sie verkündet, Abstriche zu machen.

Eine andere Frage ist die, wie wir mit Menschen umgehen, deren Ehe so oder anders gescheitert ist. Die Kirchen haben darauf durch all die Jahrhunderte hindurch verschiedene Antworten gegeben. Das war und ist mitunter ärgerlich; erstaunlich ist es aber nicht. Die Spannung zwischen der Herrschaft Gottes, die im Anbruch ist, und unserer konkreten Befindlichkeit, die Spannung zwischen der prophetischen Vision Jesu und der Brüchigkeit unserer Liebe läßt sich weder auflösen, noch läßt sie sich durch eine kirchliche Gesetzgebung in eine einzig richtige und endgültige Ausgewogenheit bringen.

„Außer wegen Unzucht" — doch eine Ausnahme?

Der Evangelist Matthäus überliefert uns zweimal das Ehescheidungs-Logion Jesu mit der sogenannten Unzuchtsklausel: *Jeder, der seine Frau entläßt,* außer wegen Unzucht, *veranlaßt ihren Ehebruch.* Daß diese Klausel nicht ursprünglich ist, wird heute kaum noch von jemandem bestritten. Sie dürfte in einer judenchristlichen Gemeinde entstanden sein, wo noch vom jüdischen Standpunkt, das heißt vom Standpunkt des Mannes aus, gedacht wurde. Nichts gegen das prägnante Wort Jesu: *Jeder, der seine Frau entläßt, begeht Ehebruch.* Wie aber soll die christliche Gemeinde einem Mann begegnen, dessen Ehefrau sich der Prostitution hingibt? Soll man ihn dann auch noch des Ehebruchs beschuldigen? Und nicht nur das. Nach der bisherigen (jüdischen) Gesetzesauffassung war der Mann in einem solchen Falle geradezu verpflichtet, seine Frau zu entlassen. Sollte den Christen die Ehe weniger heilig sein als den jüdischen Glaubensgenossen?

Die matthäische Unzuchtsklausel ist ein gutes Beispiel dafür, daß es den ersten Christen nicht einfach nur darum ging, die Jesusworte zu repetieren. Sie wollten mit ihnen leben und haben darum ihr eigenes Leben mit dem Jesuswort verbunden. Jede Zeit — auch die unsrige — hat die Aufgabe, auf ihre Art und nach ihrer Möglichkeit sich auf die Vision Jesu einzulassen. Kirchliche Gesetze können (und sollen) sich darum ändern; am Zuspruch und am Anspruch Gottes wird sich — Gott sei Dank — nicht rütteln lassen.

X. EUER JA SEI EIN JA, EUER NEIN EIN NEIN

Ihr habt gehört, daß zu den Alten gesagt worden ist: Du sollst keinen Meineid schwören, und: Du sollst dem Herrn deine Schwüre halten.

Ich aber sage euch: Ihr sollt überhaupt nicht schwören, weder beim Himmel, denn er ist der Thron Gottes, noch bei der Erde, denn sie ist der Schemel seiner Füße, noch bei Jerusalem, denn es ist die Stadt des großen Königs. Auch bei deinem Haupt sollst du nicht schwören; denn du kannst kein einziges Haar weiß oder schwarz machen.

Euer Ja sei ein Ja, euer Nein ein Nein; alles andere stammt vom Bösen (Mt 5,33—37).

Schwören ist bei fast allen Völkern üblich. Im Alltag rufen Menschen, wenn sie eine Aussage besonders beteuern wollen, Gott als Zeugen an. Vor Gericht soll der Zeuge (bei Gott) schwören, die Wahrheit zu sagen und nichts als die Wahrheit. Noch feierlicher geht es bei der Vereidigung einer Parlamentarierin oder eines Bundespräsidenten zu. Man spricht von Verfassungseid, von Fahneneid, von Treueeid. Man spricht auch von Eidgenossen.

Jesus sagt in der vierten Antithese der Bergpredigt: *Ihr sollt überhaupt nicht schwören!*

Ein grundsätzliches Schwurverbot

Der Text Mt 6,33—37 wirkt etwas überladen, These und Antithese entsprechen einander nur schlecht. Da wird in der „These" auf zwei ganz verschiedene Gebote

Bezug genommen. *Du sollst keinen Meineid schwören* steht so im Alten Testament nicht. Ex 20,7 und Lev 19,12 verbieten den Mißbrauch des Namens Gottes zu nichtigen Zwecken im Sinn der Zauberei oder im Zusammenhang mit einem hinterhältigen Umgang mit den Mitmenschen. *Du sollst dem Herrn deine Schwüre halten* erinnert entfernt an Ps 50,14: *Bring Gott als Opfer dein Lob, und erfülle dem Höchsten deine Gelübde.* Es wird wohl gemeint sein, daß man Gott gegenüber halten soll, was man ihm versprochen hat.

Die Antithese ist nun etwas weit ausgeführt, und manche Indizien zeigen an, daß sie im Laufe der Zeit gewachsen ist. Aufschlußreich dürfte der Vergleich mit dem Jakobusbrief sein. Dort heißt es:

Vor allem, meine Brüder, schwört nicht, weder beim Himmel noch bei der Erde noch irgend einen andern Eid. Euer Ja soll ein Ja sein und euer Nein ein Nein, damit ihr nicht dem Gericht verfallt (5,12).

Dieser Vergleich läßt uns vermuten, daß am Beginn der Tradition ein doppelgliedriger Mahnspruch stand, der aus einem Verbot und einem Befehl bestanden hat. Unsere Antithese könnte dann aufgrund dieses Vergleichs ursprünglich so gelautet haben:

Ihr sollt überhaupt nicht schwören! Euer Ja sei ein Ja und euer Nein ein Nein!

Auch kein Schwur-Ersatz

Nun ist es beim Schwören noch heute vielfach so, daß man überhaupt nicht mehr daran denkt, daß das etwas mit Gott zu tun haben könnte. Und vielleicht hat man absichtlich Gott aus dem Schwören herausgenommen, damit der Name Gottes nicht zu nichtigen Zwecken mißbraucht werde (vgl. Ex 20,7). So hat man den Namen Gottes durch etwas anderes ersetzt. Man schwört nicht mehr bei Gott, man schwört lieber beim Himmel oder bei der Erde oder bei der heiligen Stadt Jerusalem oder bei was auch immer. Die urchristliche Tradition war hier unerbittlich: Sie hat auch keinen Ersatz für Gott zugelassen. Damit das besser gelingt, hat die Antithese all die Größen, bei denen man geschworen hat, mit Gott in Verbindung gebracht. Man soll auch nicht beim *Himmel* schwören, *denn er ist der Thron Gottes;* auch nicht bei der *Erde, denn sie ist der Schemel seiner Füße.* Das ist gut biblisch gedacht. In Jes 66,1 lesen wir: *So spricht der Herr: Der Himmel ist mein Thron und die Erde der Schemel meiner Füße.* Auch die Bezeichnung *Jerusalem* als *„Stadt des großen Königs"* findet sich im Alten Testament vorgeprägt (vgl. Ps 48,3). Nicht einmal beim eigenen Haupt soll man schwören, weil nicht einmal die Haarfarbe in der Verfügungsgewalt des Menschen steht. Nein, es gibt keinen Schwur-Ersatz; man soll überhaupt nicht schwören.

„Ihr sollt überhaupt nicht schwören"

Nun sollte man nicht vergessen, daß Jesus nicht der einzige war, der in der damaligen Zeit dem Schwören und dem Eid kritisch gegenüberstand. Griechische Philosophen waren der Meinung, daß der Mensch aus sich selbst heraus zuverlässig und nicht durch eine andere Autorität gebunden sein sollte. Für sie war der Eid des Menschen unwürdig. Andere waren der Meinung, daß es sinnlos sei, Gott als Zeugen anzurufen, da ja niemand direkte Kenntnis des Wesens Gottes habe. Schwören widerspreche der Heiligkeit Gottes und entweihe Gottes heiligen Namen. Aber auch die jüdischen Gelehrten standen dem vielen Schwören kritisch gegenüber. Für sie hatte das zweite Gebot des Dekalogs wirklich auch den Sinn, nicht nur Meineide, sondern leichtfertiges Schwören zu verhindern.

Und doch findet man in der Umwelt Jesu niemanden, der derart kategorisch und absolut das Schwören abgelehnt hätte. Ein Zeichen dafür, daß das Schwurverbot auf Jesus selbst zurückgeht, daß das Schwurverbot ein Stück seiner Verkündigung war.

Was hat denn Jesus am Schwören so gestört? Schwören, einen Eid leisten, ist ja nicht einfach nur Mißbrauch des Namens Gottes; Schwören war nach damaligem Verständnis doch auch ein religiöser Akt. Eide und Gelübde — ist das nicht fast das gleiche? — gibt es in der Kirche bis auf den heutigen Tag, und sie stehen meistens in einem gottesdienstlichen Rahmen. Und wenn eine neue Regierung vereidigt wird, stehen alle Anwesenden von den Sesseln auf in der Überzeugung, daß hier unter der Anrufung des Namens Gottes etwas derart Feierliches geschieht, daß es wirklich mit Gottesdienst zu tun hat. Es gibt heute noch Staaten, in denen der Präsident seinen Amtseid in der Kirche oder in der Kathedrale ablegt und der Bischof im Namen Gottes den Eid entgegennimmt.

Und doch darf man das Schwurverbot Jesu nicht dadurch aufweichen, daß man sagt, Jesus polemisiere gegen das leichtfertige, gegen das gewohnheitsmäßige und unbedachte Schwören. Eine solche Interpretation würde der Absicht Jesu nicht gerecht. *Ihr sollt überhaupt nicht schwören!*

Transparent für die Wahrheit

Am besten wird man die Antithese Jesu vom Schluß her verstehen: Euer Ja sei ein Ja, Euer Nein ein Nein. Wenn unser Ja wirklich immer und überall in unserem Denken, Reden und Tun ein Ja ist, und wenn unser Nein wirklich immer und überall in unserem Denken, Reden und Tun ein Nein ist, dann bedarf es in der Tat nicht mehr des Eides oder des Schwurs. Dann ist des Menschen Reden und Tun zum vornherein derart transparent, derart durchsichtig, derart wahrhaftig, daß die Hilfe, die Krücke des Eides gar nicht mehr nötig ist. Nicht um den Eid geht es Jesus; es geht ihm an erster Stelle um den wahrhaftigen Menschen, und wo der Mensch wirklich wahrhaftig ist, durchsichtig ist auf die Wahrheit hin, ist der Eid überflüssig geworden.

Eine neue Gesellschaft

Wieder wird deutlich: In der Antithese Jesu geht es weniger um ein neues Gebot als vielmehr um einen neuen Menschen und um eine neue Gesellschaft, in welcher es keine Angst und kein Mißtrauen vor der Lüge gibt. Auch hier wiederum eher prophetische Vision als Gebot: Jesus sieht eine Welt, in der das menschliche Zusammenleben die Bedrohung durch die Lüge grundsätzlich hinter sich gelassen hat.

Freilich stellt sich uns auch hier die Frage, ob denn die Verwirklichung eines solchen Menschseins in unserer Gesellschaft überhaupt möglich sei. Jesus stellt diese Frage nicht. Er ist der Überzeugung, daß Wahrhaftigkeit etwas mit der Herrschaft Gottes zu tun habe und daß eine solche Wahrhaftigkeit tatsächlich gelingen könne, wo Menschen sich auf die Herrschaft Gottes einlassen.

Wir sind von der Verwirklichung einer solchen Gesellschaft noch weit entfernt. Unser Zusammenleben ist auf Schritt und Tritt von der Lüge bedroht. Unser Christsein ist wesentlich von dieser Spannung geprägt: Die Zusage der Herrschaft Gottes und einer wahrhaftigen Gesellschaft einerseits und die ständige schmerzliche Erfahrung der Lüge andererseits. Kein Gesetz wird diese Spannung aufheben können; kein Kirchenrecht wird diese Spannung in eine „gerechte Ausgewogenheit" bringen können. Mit dieser Spannung haben wir zu leben.

Nur eines erwünsche ich mir: daß Eide und Schwüre wenigstens in unserer Kirche verschwinden. Wenigstens wir Christen sollten uns auf den Weg der Wahrheit machen – ein bedeutendes Kennzeichen dafür, daß wir wirklich Brüder und Schwestern sind.

XI. LEISTET DEM BÖSEN KEINEN WIDERSTAND

38 Ihr habt gehört, daß gesagt ist:
,Aug um Aug' und ,Zahn um Zahn'.
39 Ich aber sage euch:
Widersteht dem Bösen nicht,
sondern wer dich auf die rechte Wange schlägt,
dem halte auch die andere hin.
40 Und dem, der dich vor Gericht bringen und deinen
Rock nehmen will,
dem laß auch den Mantel.
41 Und wer dich zu einer Meile Frondienst zwingt,
mit dem geh zwei.
42 Dem, der dich bittet, gib,
und wer bei dir borgen will,
von dem wende dich nicht ab (Mt 5,38—42).

Vielleicht kommt das Provokative und Un-zumutbare der Bergpredigt nirgends so deutlich zum Ausdruck wie in der fünften Antithese. Darum hat sie im Laufe der Kirchengeschichte auch die verschiedensten Deutungen erfahren.

Für die einen stand die Gewaltlosigkeit unaufgebbar im Zentrum der christlichen Botschaft und des christlichen Lebens. Andere mußten die Erfahrung machen: Wer gewaltlos leben will, muß sich von der Welt zurückziehen; eine verantwortungsvolle Mitgestaltung an der „Welt", das heißt an Gesellschaft, Politik, Wirtschaft, kommt ohne Gewalt im weitesten Sinn nicht aus. [Aber kann diese verantwortungsvolle Mitgestaltung an unserer Welt nicht auch Ausdruck von Liebe sein, jener Liebe, wie die Bergpredigt sie fordert?]

Ein Abschnitt, der Geschichte hat

Der Text ist klar gegliedert: Auf die „These" im Sinn des alttestamentlichen „Aug um Aug", „Zahn um Zahn" folgt die „Antithese":
Widersteht dem Bösen nicht!
Dann folgen vier Anwendungsbereiche:

1. Beim Schlag ins Gesicht (39b) ist wohl an eine alltägliche Situation gedacht: Wo zwei oder mehrere ihre Auseinandersetzungen tätlich — mit Ohrfeige usw. — austragen.

2. Der zweite Anwendungsbereich ist der Pfändungsprozeß (40). Ein Armer, der seine Schulden nicht bezahlen kann, muß seinen Rock, das heißt sein Untergewand, als Pfand geben. Den Mantel gibt man normalerweise nicht als Pfand, und wenn ihn der Arme, weil seine Schulden so groß sind, trotzdem geben muß, so soll er ihn am Abend zurückbekommen. So verlangt es auf alle Fälle das Gesetz des Mose (vgl. Ex 22,25—26).

3. Beim dritten Anwendungsbereich handelt es sich höchstwahrscheinlich um Zwangsarbeit (41). Die Armee (z. B. Angehörige der römischen Besatzungsmacht) oder der Staat (z. B. Beamte des Herodes) können einen Menschen zu einer bestimmten Arbeit zwingen. So wird er — besonders gern in Steppen- oder Wüstengebieten — mitgenommen, um den Weg zu zeigen und um als „Packesel" zu dienen.

4. Der vierte Anwendungsbereich entstammt wieder dem Alltag: Arme Leute, die um etwas bitten oder etwas borgen wollen (42).

Wenn man diese vier Sätze aufmerksam liest, stellt man fest, daß der letzte etwas aus dem Rahmen fällt. Wenn mir jemand eine Ohrfeige gibt oder wenn ein Reicher so unbarmherzig ist, daß er mir sogar den Leibrock nimmt, oder wenn ein römischer Soldat mich zwingt, mit ihm zu gehen, dann erfahre ich wirklich etwas „Böses". Dieser Sachverhalt des Bösen ist aber nicht gegeben, wenn mich jemand um etwas bitten oder wenn jemand etwas von mir borgen will. Aber noch eine andere Beobachtung läßt uns vermuten, daß V 42 sich nicht so gut in das Gesamte einfügt. Die Aufforderung, zu geben, wenn jemand um etwas bittet, ist nicht ungewöhnlich. Bei den Rabbinen und bei den heidnischen Philosophen finden wir sie zuhauf. Ganz anders ist es aber bei den drei vorausgehenden Forderungen: Sie sind viel härter und sprengen den Rahmen des Normalen. Sie sind derart provokativ, ja geradezu unvernünftig und beinahe ohne Parallele in der damaligen Umwelt, daß sie gute Chancen haben, auf Jesus selbst zurückzugehen.

Es zeigt sich einmal mehr: Die Bergpredigt ist während Jahren „gewachsen", bis sie die jetzige Gestalt im Matthäusevangelium bekommen hat. Und Matthäus wird zu diesem Wachstum auch noch das Seine beigetragen haben. Fast alle Exegeten sind sich einig, daß die Formulierung der Antithese in V 38—39a von ihm stammt.

Aug um Aug, Zahn um Zahn — ein vernünftiger Vorschlag

Aug um Aug, Zahn um Zahn — wir verbinden damit vielfach etwas Grausames, „Alttestamentliches". Ich meine: Wenn wir uns doch wenigstens an *dieses* Gesetz halten würden! Das Talionsgesetz, wie man es nennt (vom lateinischen „talis" = gleich wie) ist nicht eine Besonderheit des Alten Testament. Im Alten Orient wurde es schon ziemlich früh eingeführt, um Exzesse der Vergeltung einzudämmen. Im Unterschied zu einer wildwuchernden Rache soll gesetzlich bestimmt werden, daß das Strafmaß dem Vergehen zu entsprechen habe. Zwei Texte dürften hier aufschlußreich sein:

1. In Gen 4,23f finden wir den sogenannten Lamechspruch:

„Einen Mann erschlug ich für meine Wunde,
einen Jüngling für meine Strieme.
Wird Kain siebenmal gerächt,
dann Lamech siebenundsiebzigmal."

Das Prinzip des Lamech ist klar: Wenn mir einer eine Wunde zufügt, töte ich ihn; das wird seine Strafe sein. Die Strafe darf zehnmal größer sein als das Unrecht, das man erleidet.

2. Das Talionsprinzip ist uns u. a. in Lev 24,19f erhalten:

Wer seinem Nächsten einen Leibschaden zufügt, dem
soll man tun, wie er getan hat: Bruch um Bruch, Aug
um Aug, Zahn um Zahn! Derselbe Leibschaden, den
er einem andern zugefügt hat, soll ihm zugefügt wer
den.

Ähnliche Formulierungen finden sich in Ex 21,23 bis 25 und Dtn 19,21.

Das Talionsprinzip ist gegenüber der Einstellung einer unbegrenzten Rache ein gewaltiger Fortschritt, und als solchen sollten wir das „Aug um Aug" auch anerkennen. Freilich hat es schon vor der Zeit Jesu einsichtige Gelehrte gegeben, die das Talionsprinzip nicht mehr buchstäblich anwendeten: An die Stelle der Talio-Strafe konnte beispielsweise eine Geldbuße treten.

Wie immer wir das Talionsprinzip beurteilen, sicher ist, daß es auch heute noch in jedem modernen Rechtsstaat wenigstens unter der genannten moderierten Form Anwendung findet.

Es gilt aber nicht nur für unsere Rechtsprechung. Selbst in unserem täglichen Leben findet es Anwendung. Wenn mich jemand nicht grüßt, grüße ich ihn auch nicht mehr. Wenn mein Nachbar einem meiner Buben eine Ohrfeige gibt, wird über kurz oder lang des Nachbars Bub bei mir die Rechnung quittieren. Wenn ich in einem Geschäft übers Ohr gehauen wurde, und ich merke zu spät, daß die Beschwerdefrist abgelaufen ist, werde ich mich beim nächsten Besuch in diesem Geschäft dadurch schadlos halten, daß ich etwas mitgehen lasse. Das sind geradezu Selbstverständlichkeiten. So handelt man eben. Ich sagte vorhin: Wenn wir uns doch wenigstens an das Talionsgesetz halten würden! Aber meistens zahlen wir nicht mit gleicher Münze heim (das wäre Aug um Aug); meistens ist der Schlag, mit dem wir zurückzahlen, bei weitem stärker als der, den wir einstecken mußten.

Ein neues Prinzip

Und nun kommt Jesus und sagt: *Widersteht dem Bösen nicht!* . . . Vielleicht liegen uns diese Worte schon zu sehr in den Ohren, als daß wir ihre Tragweite noch durchschauen würden. In Wirklichkeit sollten wir auf folgendes genau achten.

1. Der von Jesus geforderte radikale Gewaltverzicht wird durch nichts begründet. Es fehlt der optimistische Zug, den man leicht hinzufügen könnte: „Wenn du dich nicht wehrst, kannst du deinen Feind zum Freund machen." Auch trägt die Forderung Jesu nichts von Resignation an sich: „Gib doch lieber nach; du kannst ja doch nichts machen." Nein, Jesu Forderung steht völlig unbegründet da.

2. Die Aufforderung, dem Bösen nicht zu widerstehen, ist auch in keiner Weise einleuchtend oder vernünftig. Wie oft hat einer schon die Erfahrung gemacht, daß er ganz zusammengeschlagen wurde, nachdem er auf den ersten Schlag nicht reagiert hatte. (Unsere ganze Militärrüstung geht doch von dieser Erfahrung aus.) Und aus dem französischen Widerstand im Zweiten Weltkrieg wissen wir zur Genüge, daß sich Willfährigkeit gegenüber der Besatzungsmacht über-

haupt nicht bezahlt gemacht hat: Entweder wurde man von den Gegnern weiter ausgenutzt, oder man wurde von den eigenen Parteifreunden kaltgestellt.

3. Wir müssen noch einen Schritt weitergehen. Es gibt Interpreten, die sagen, man müsse das Wort Jesu ergänzen: „Du sollst dem Bösen nicht widerstehen; denn Gott allein gehört die Rache, *er* wird den Bösen vergelten. Vertraue auf das gerechte Gericht *Gottes*." Diese Auffassung könnte von andern Stellen im Neuen Testament leicht gestützt werden (vgl. Röm 12,19; 1 Petr 2,23). In unserem Text steht allerdings nichts davon. Und das ist ja das Ungeheuerliche an der Forderung Jesu: Sie steht ganz einfach da, ohne Begründung, ohne Hintertüre, ohne Wenn und Aber, aber auch ohne vergeltenden Gott. Im Gegenteil: Es ist viel eher gemeint, daß der Mensch auf Vergeltung verzichten soll, *weil auch Gott auf Vergeltung verzichtet.*

Und so öffnet sich nun plötzlich eine Welt, die mit unserem „normalen" Denken nicht mehr verrechnet werden kann: Wir haben darum keine Vergeltung an unseren Mitmenschen zu üben, weil auch Gott auf Vergeltung verzichtet.

4. Ist das richtig, läßt sich die Forderung Jesu *Widersteht dem Bösen nicht!* nur auf dem Hintergrund der Gewißheit verstehen, daß die Herrschaft Gottes angebrochen ist. Und jetzt ist interessant festzustellen, daß gerade im Zusammenhang der Forderung Jesu, auf Vergeltung und Gewalt zu verzichten, das Wort *Herrschaft* (Gottes) einen ganz neuen Klang erhält: Es ist eine Herrschaft, die von Gewalt und Vergeltung absieht, weil sie im Grunde genommen Liebe ist und als Liebe immer nur Leben fördern kann.

Auf dem Hintergrund der Herrschaft Gottes verstehen wir auch das Provozierende und Schockierende der Forderung Jesu. So wie Jesus am Sabbat die Leute in der Synagoge provozierte, als er den Mann mit der verdorrten Hand in die Mitte nahm und heilte (Mk 3,1—6); so wie Jesus die Schriftgelehrten der Pharisäer schockierte, als er dem Gelähmten Vergebung der Sünden zusprach (Mk 2,1—12), so schockiert und proviziert Jesus auch mit dem Wort „Du sollst dem Bösen nicht widerstehen!" All diese Provokationen sind nur für diejenigen „einleuchtend", die sich auf die Botschaft vom Kommen der Herrschaft Gottes einlassen.

Können wir mit einem solchen Wort leben?

Wir leben nicht mehr in der Zeit Jesu. So wie Jesus mit dem Gottesreich gerechnet hat, ist es nicht gekommen. Als sich die Christen nach seiner Auferstehung um ihn scharten, ging die Zeit unentwegt weiter, ohne daß die Herrschaft Gottes sichtbar und endgültig angebrochen wäre. Was sollten diese Christen tun? Sich aus der Welt zurückziehen und im Herzen eine Hoffnung hegen, die sich offensichtlich nicht so schnell erfüllt? Die Versuchung des Rückzugs war immer wieder gegeben; damit verbunden das Eingeständnis, daß das Reich Gottes mit unserer Welt und unserer Gesellschaft nichts zu tun haben könne.

Von jeher sahen die Christen aber auch einen anderen Weg, mit diesem Wort zu leben. Sie sahen sich veranlaßt, ja genötigt, am Aufbau der Gesellschaft mitzuarbeiten. Sie mußten feststellen, daß sie mit der Forderung des Gewaltverzichts quer zur Gesellschaft lagen, an welcher sie arbeiten wollten. Die Bergpredigt eignete sich nie als Grundgesetz oder als Staatsverfassung oder gar als Zivilgesetzbuch. Nicht nur das eigene Scheitern stand diesen Christen immer wieder im Weg. Die Gesellschaft bestand zu jeder Zeit eben auch aus Menschen, die sich auf die Provokationen und Visionen der Bergpredigt nicht einlassen wollten und nicht einlassen konnten.

Was tun?

Wenn irgendwo das Wort von der Politik als der „Kunst des Möglichen" seine Berechtigung hat, dann sicher bei jenen Christen, die politisch engagiert am Aufbau der Gesellschaft mitwirken wollen. Von zwei unaufgebbaren Wirklichkeiten sind sie hin und her gerissen. Auf der einen Seite die Vision der Gewaltlosigkeit, die ja nicht einfach nur eine Vision, nur ein Traum oder nur eine Utopie ist, sondern als Vorgabe Gottes und Jesu Christi auch eine Wirklichkeit, an der sich die Glaubenden festmachen können, weil Jesus selbst diese Wirklichkeit gelebt und für seine Getreuen ermöglicht hat. Auf der anderen Seite die andere Wirklichkeit: die Macht- und Gewaltstrukturen innerhalb der Gesellschaft, die sich nicht einfach wegdiskutieren und vor allen Dingen kaum verändern lassen.

Die Frage ist: Mit welcher dieser beiden Wirklichkeiten rechne ich, auf welche setze ich, welcher dieser Wirklichkeiten gebe ich die größere Chance, welche ist für mich die eigentliche, tragende Wirklichkeit?

Aber das ist noch nicht alles. Auch wenn ich für die Gewaltlosigkeit optiere, auch wenn ich an die Wirklichkeit und Wahrheit der Gewaltlosigkeit glaube und auf sie setze, ist noch lange nicht ausgemacht, wie ich denn nun mit den Gewaltmechanismen dieser Welt umgehen soll und, vor allem, wie ich mit jenen Menschen umgehen soll, die nun einmal davon überzeugt sind, daß man dem Bösen widerstehen muß, daß Angriff die beste Verteidigung ist, daß Aufrüstung das beste Mittel ist, den Krieg zu verhindern usw. usf.

Dann ist aber die „christliche Politik" nicht nur eine Frage der Taktik, sondern eine Frage des ganzen christlichen Engagements: Weder darf ich die Gnade und die Vision der Gewaltlosigkeit einfach aufgeben, noch darf ich die Mitmenschen mit den Forderungen zur Gewaltlosigkeit einfach überfordern; ich habe sie auch in ihrer anderen Auffassung und vor allem in ihren eigenen Ängsten ernst zu nehmen.

Es soll uns darum nicht überraschen, wenn die Antworten der Christen auf die Herausforderung der Gewaltlosigkeit im Laufe der Geschichte ganz verschieden ausgefallen sind; denn sehr viel hängt vom konkreten Glauben an die Herrschaft Gottes ab, sehr viel von der Art und Weise, wie diese sich in einer konkreten Welt konkret verwirklichen könnte, sehr viel hängt aber auch davon ab, wie die Vorfindlichkeit dieser Welt eingeschätzt wird. (Man vergleiche z.B. die je völlig verschiedene Einschätzung des Staates durch Paulus in Röm 13 und durch Johannes in seiner Offenbarung.)

Die Zusage der Herrschaft Gottes konkret in dieser Welt zu leben bedeutet für den Glaubenden immer eine gewaltige Spannung, um nicht zu sagen: eine Zerreißprobe, und wir sollten uns davor hüten zu meinen, wir könnten diese Spannung durch die Aufgabe des einen Spannungspols zugunsten des anderen aus der Welt schaffen.

Sogenannte christliche Parteien müssen sich freilich die Frage gefallen lassen, ob ihre Mitgestaltung der Gesellschaft beseelt ist von der Suche nach tragfähigen Lösungen, die nicht entleert sind von der Verheißung der Bergpredigt, Lösungen, die darum immer nur vorläufig bleiben können, oder ob es letztlich doch nur um das Paktieren mit der Macht geht. Die Forderung der Gewaltlosigkeit wird jede christliche Partei davor bewahren müssen, sich in dieser Welt vorbehaltlos zu etablieren.

XII. LIEBT EURE FEINDE

Ihr habt gehört, daß gesagt worden ist:
Du sollst deinen Nächsten lieben und deinen Feind
*   hassen.*
Ich aber sage euch:
Liebt eure Feinde und betet für die, die euch verfolgen,
damit ihr Söhne eures Vaters im Himmel werdet;
denn er läßt seine Sonne aufgehen über Bösen und
*   Guten,*
und er läßt regnen über Gerechte und Ungerechte.
Wenn ihr nämlich nur die liebt, die euch lieben,
welchen Lohn könnt ihr dafür erwarten?
Tun das nicht auch die Zöllner?
Und wenn ihr nur eure Brüder grüßt,
was tut ihr damit Besonderes?
Tun das nicht auch die Heiden?
Ihr sollt also vollkommen sein, wie es auch euer himm-
lischer Vater ist (Mt 5,43—48).

Die letzte Antithese, die von der Feindesliebe, bildet
den Abschluß, aber auch den Gipfel der Antithesen. In
der Feindesliebe zeigt sich nicht nur die weit größere
Gerechtigkeit; es zeigt sich hier die Liebe in ihrer letzten Vollendung und damit auch das Unvergleichliche
der Ethik Jesu.

In kreativer Treue zu einem Jesuswort

Auch die sechste Antithese ist „gewachsen", das heißt,
sie hat eine Geschichte durchgemacht. Das zeigt am besten ein Vergleich mit der Feldrede im Lukasevangeli-

um. Zwar ist die Reihenfolge der Sprüche nicht dieselbe, inhaltlich kommen aber die beiden Fassungen einander recht nahe.

Euch, die ihr mir zuhört, sage ich:
Liebt eure Feinde;
tut denen Gutes, die euch hassen.
Segnet die, die euch verfluchen;
betet für die, die euch mißhandeln.
. . .
Wenn ihr nur die liebt, die euch lieben,
welchen Dank erwartet ihr dafür?
Auch die Sünder lieben die,
von denen sie geliebt werden.
Und wenn ihr nur denen Gutes tut, die euch Gutes tun,
welchen Dank erwartet ihr dafür?
Das tun auch die Heiden.
Ihr aber sollt eure Feinde lieben
und sollt Gutes tun und leihen,
auch wo ihr nichts dafür erhoffen könnt.
Dann wird euer Lohn groß sein,
und ihr werdet Söhne des Höchsten sein;
denn auch er ist gütig gegen die Undankbaren und
Bösen.
Seid barmherzig, wie es auch euer Vater ist!
(Lk 6,27—28.32—34.35)

Es dürfte kaum ein Zweifel darüber bestehen, daß beide Evangelisten aus der gleichen Quelle (Q) schöpften und daß — wie wir das auch sonst schon bemerkt haben — jeder Evangelist seine Vorlage je nach seiner eigenen theologischen Einsicht und auch je nach den Bedürfnissen der jeweiligen Gemeinden abgeändert oder geglättet hat.

Für Matthäus heißt das: Er hat die Forderung Jesu in die Form der Antithese gebracht und so die Forderung Jesu den vorausgehenden Antithesen angepaßt. Zudem hat Matthäus die Forderung der Feindesliebe an den Schluß der Reihe gebracht; er war sich also ihrer Bedeutung bewußt. Für ihn war es die wichtigste aller Antithesen, gewissermaßen ihr Höhepunkt. Das unterstreicht er dadurch, daß er ein Wort hinzufügt, das die Bedeutung der Forderung nur noch verstärkt, zugleich freilich auch alle andern vorausgehenden Antithesen zusammenfaßt:

Ihr sollt also vollkommen sein,
wie es auch euer himmlischer Vater ist.

Schon seit urdenklichen Zeiten besteht nicht nur unter den Gelehrten, sondern auch unter allen Christen Einigkeit: Die Forderung, die Feinde zu lieben, geht auf Jesus zurück, wie immer er diese auch formuliert haben mag.

Als Matthäus das Wort von der Feindesliebe in die Form der Antithese kleiden wollte, mußte er nach einer passenden „These" suchen. Er tat das so:

Ihr habt gehört, daß gesagt worden ist:
Du sollst deinen Nächsten lieben
und deinen Feind hassen . . .

Das scheint auf den ersten Anhieb nicht ganz fair zu sein. Richtig ist, daß wir das Gebot der Nächstenliebe im Alten Testament finden. In Lev 19,18 heißt es wörtlich: *Du sollst deinen Nächsten lieben wie dich selbst.* Aber nirgends im Alten Testament heißt es: „Du sollst deinen Feind hassen." — Hat Matthäus gemogelt? Ich glaube nicht. Matthäus hat ganz einfach auf die damalige (und heutige?) Praxis und Grenze der Nächstenliebe hingewiesen. Und allein schon dadurch hat er auf etwas ganz Wesentliches aufmerksam gemacht. Wenn ich sage: „Du sollst deinen Nächsten lieben", erwecke ich bald einmal den Anschein, als ob es auch noch andere Menschen als die Nächsten gebe. Und ebenso bald werde ich mich fragen: „Wer ist mein Nächster?", ähnlich dem Gesetzeslehrer, der Jesus diese Frage stellte, bevor ihm dieser das Gleichnis vom barmherzigen Samaritan erzählte (Lk 10,29ff). In der Tat war es so, daß sich die Nächstenliebe im Alten Testament vor allem auf die eigenen Volksgenossen bezog. Später kamen dann auch noch die Fremdlinge dazu, die im Lande Gastrecht hatten, jene Fremdlinge, die bereit waren, wie die Israeliten an den einen Gott zu glauben und sich seinen Geboten zu unterstellen. Der Fremdling mußte also gewissermaßen bereit sein, zum Nächsten zu werden, damit er als Nächster geliebt werden konnte. In Qumran zum Beispiel wurden mit dem Ausdruck „Nächster" nur Gruppenmitglieder bezeichnet. Dann aber stellt sich sofort die Frage: Muß ich denn die andern, die eben nicht die Nächsten sind, auch lieben? Und wirklich: Kann sich nicht (auch bei uns) unter dem Deckmantel „Nächstenliebe" eine ganz gehörige Portion Gruppenegoismus verbergen?

Feindesliebe – kein Grenzfall

Freilich dürfen wir nicht so tun, als ob man sich in Israel nicht auch über die Feindesliebe Gedanken gemacht hätte. Wir finden im Alten Testament wunderschöne Texte zu diesem Thema. Um nur einen zu erwähnen:

Wenn du dem verirrten Rind oder dem Esel deines Feindes begegnest, sollst du ihm das Tier zurückbringen. Wenn du siehst, wie der Esel deines Gegners unter der Last zusammenbricht, dann laß ihn nicht im Stich, sondern leiste ihm Hilfe! (Ex 23,4—5)

Das Gebot der Nächstenliebe wäre durchaus darauf angelegt, alle Menschen zu umfassen. Das Eigentümliche der Forderung Jesu ist aber dies, daß für ihn die Feindesliebe nicht die äußerste Grenze der Nächstenliebe darstellt; für Jesus ist die Feindesliebe das Zentrum, das Eigentliche, das Unaufgebbare. Sie ist nicht das Ende oder der äußerste Grenzfall der Nächstenliebe, sondern ihr Anfang und ihre Mitte.

Natürlich kann man auch hier wieder sagen, daß es zur Zeit Jesu nicht nur berühmte jüdische Gelehrte gab, die die Feindesliebe forderten, sondern auch eine ganze Reihe heidnischer Philosophen. *Seneca,* der Lehrer des jungen Nero, forderte dazu auf, in Nachahmung Gottes auch dem Undankbaren gegenüber wohltätig zu sein. *Epiktet* ging sogar so weit, vom Kyniker zu sagen: „Er muß sich treten lassen wie ein Hund und unter den Tritten eben die, die ihn treten, auch noch lieben wie ein Vater aller, wie ein Bruder."

Wenn man aber diese Texte näher ansieht, fallen doch bestimmte Unterschiede zur Forderung Jesu auf. Bei den Philosophen trifft man zum Beispiel *verschiedene Motivationen,* die bei Jesus nicht stehen. So soll man sich vor jeder Rache am Feind hüten, weil er der Stärkere ist und eine Gegenwehr so überhaupt keinen Sinn hat. Oder man soll dem Widersacher Güte erweisen, um ihn zu beschämen und zur Umkehr zu bewegen. Oder man soll sich dem Feind gegenüber liebevoll verhalten, weil er vielleicht so zum Freund gemacht werden kann. „Entfeindung" nennt man das heute.

Bei Jesus ist gerade das das Ungeheuerliche, daß er solche Motive gar nicht anführt. Nicht deswegen, weil er kurz und knapp formulieren wollte, sondern aus einem ganz anderen Grund. Jesus denkt *ganz von der Liebe her.* Und Liebe — wenn sie wirklich Liebe ist und nicht einfach Strategie oder Berechnung — liebt grundlos und unbedingt und umfassend.

Nun könnte man freilich einwenden, die Bergpredigt gebe ja auch einen Grund für die Feindesliebe an: *Liebt eure Feinde . . ., damit ihr Söhne eures Vaters im Himmel werdet.* Ich liebe den Feind also nicht um seiner selbst willen, sondern ich verfolge mit meiner Liebe zu ihm ein bestimmtes Ziel: Sohn des himmlischen Vaters zu werden. Feindesliebe als Mittel zum Zweck.

So ist es aber sicher nicht gemeint. Nicht vom Zweck

ist die Rede. Viel eher wird gesagt, was Feindesliebe ist:
Feindesliebe ist das Zeichen, daß man zu Gott gehört,
daß man von Gott etwas verstanden hat. Vielleicht sollte man sachgerechter so übersetzen: „Liebt eure Feinde..., denn in eurer Feindesliebe kommt die Liebe
Gottes an, in eurer Feindesliebe zeigt sich, daß ihr zu
Gott gehört." In der damaligen Zeit drückte man die
Zugehörigkeit zu etwas oder zu jemandem mit der Bezeichnung „Sohn" oder „Kind" aus.

Besser ist es, die Begründung noch weiter zu lesen:
*... denn er läßt seine Sonne aufgehen über Bösen und
Guten, und er läßt regnen über Gerechte und Ungerechte.*
So ist eben Gott. Er liebt unbedingt und grundlos und
umfassend. Er schaut nicht auf die Person — so heißt
es ab und zu in der Heiligen Schrift. Er möchte, daß es
auch dem Sünder, auch dem Ungerechten, das heißt
seinen „Feinden", gutgeht.

Ohne Einschränkung

Immer wieder hat man im Laufe der Geschichte versucht, das Gebot der Feindesliebe zu entschärfen, damit es „praktizierbar" wird. So sagte man etwa, im Unterschied zum Nächsten, den man lieben solle, brauche
man den Feind nicht zu lieben, man solle ihn nur nicht
hassen. Oder man sagte, die Feindesliebe sei ein „Rat-
schlag" für die vollkommenen Christen, den einfachen
Christen sei die Feindesliebe nicht zumutbar. Oder man
schränkte die Feindesliebe auf den persönlichen Gegner ein, für den Kriegsgegner gelte die Forderung nicht.
Und wieder andere meinten, vor allem komme es auf
die Gesinnung an, die konkrete Realisierung sei dem
gegenüber zweitrangig.

Wenn man aber den Text der Antithese unvoreinge-
nommen liest, ist von solchen Einschränkungen nichts
zu merken:

Liebt eure Feinde!

Keine Ausnahmen, keine Möglichkeit des Feilschens — einfach so. Und dann ist gut hinzusehen, daß das Wort unterderhand nicht zu etwas anderem wird. Es handelt sich nicht um die Großmütigkeit des Siegers gegenüber dem besiegten Feind. Es handelt sich auch nicht um die Resignation des Unterdrückten, dessen Lage sowieso aussichtslos ist. Auch ist am Realismus des „Feindes" festzuhalten: Er *ist* Feind, er *ist* Widersacher, er *ist* Gegner, Unterdrücker usw. Die Forderung der Feindesliebe will den Feind nicht rosarot malen oder ihn irgendwie spirituell vereinnahmen. In der Forderung Jesu versteht sich die Feindesliebe als eine echte, schöpferische Liebe, die ihr Maß an der Liebe des Vaters im Himmel nimmt, der seine Sonne aufgehen läßt über Bösen und Guten und regnen läßt über Gerechte und Ungerechte.

Und wenn wir den letzten Vers auch noch hinzunehmen: *Ihr sollt vollkommen sein, wie es auch euer himmlischer Vater ist,* gibt es überhaupt keine Auswegmöglichkeit mehr. Vollkommen wie der himmlische Vater. Im Verständnis der Bibel könnte man auch sagen: „Ihr sollt aufs Ganze gehen, wie auch Gott aufs Ganze geht": mit ungeteiltem Herzen und ohne jeden Abstrich.

Die Forderung Jesu, die Feinde zu lieben, ist wirklich das Ungeheuerlichste, das man sich vorstellen kann. Sie hat überhaupt nichts Vernünftiges mehr an sich. Und sie widerspricht derart unserer menschlichen Neigung, derart auch der ganzen Menschheitsgeschichte, daß wir gerade hier am ehesten unsere Zweifel anmelden müssen, ob denn mit den Antithesen überhaupt zu leben sei, ob es denn überhaupt sinnvoll sei, sich auf so etwas einzulassen. An der Forderung Jesu, die Feinde zu lieben, zeigt sich am deutlichsten, daß die Bergpredigt den Menschen überfordert, und wer die Menschen überfordert, bringt sie in größte Gefahr. Es sind

genau jene Überforderungen, die Menschen immer wieder kaputtmachen.

Ein anderer Name für Gott

Ich denke nicht, daß Jesus aufgrund unserer gescheiten
Widersprüche die Forderung der Feindesliebe anders
formulieren würde. Vielmehr würde er sie noch zuspit-
zen und sagen: „Wenn ihr diese Forderung nicht an-
nehmt, wenn ihr mit ihr nicht Ernst macht, wenn ihr
euch nicht auf sie einlaßt, dann sollt ihr auch nicht von
Gott reden. Denn nirgendwo ereignet sich Gott so deutlich wie in der Feindesliebe. Feindesliebe ist ‚nur' ein
anderer Name für Gott."

Diejenigen lieben, die uns lieben, diejenigen grüßen,
die uns grüßen — dafür braucht man keine Religion.
Dafür braucht man nicht Gott ins Spiel zu bringen. Das
tun alle. Das ist „menschlich".

Gerade weil die Feindesliebe so „unmenschlich" ist,
gerade weil sie das Maß des „gewöhnlichen" Menschen
übersteigt, gerade deshalb zeigt sie wie keine andere
Forderung im Neuen Testament, daß wir es hier eben
nicht mit etwas Menschlichem, sondern im tiefsten mit
etwas Göttlichem zu tun haben. Es ist das, was wir bei
jeder Antithese angetroffen haben, was wir aber bei der
Antithese von der Feindesliebe am meisten erahnen:
die Herrschaft Gottes, das Reich Gottes. Nicht, daß wir
mit der Feindesliebe die Herrschaft Gottes herbeischaf-
fen könnten; wir sind ja zur Feindesliebe von uns aus
gar nicht fähig. Es ist die „Vorgabe" der Herrschaft
Gottes, die uns zur Feindesliebe befreit. Aber wenn die
Herrschaft Gottes uns dazu befreit, die Feinde zu lieben, wirklich zu lieben, mit allem, was das besagt, dann
wird sich eben auch deutlich machen, daß Herrschaft
Gottes in der Tat angebrochen ist, dann wird sich auch
deutlich machen, was Herrschaft Gottes in Wirklichkeit

bedeutet, dann wird sich auch deutlich machen, was es heißt, Söhne und Töchter des himmlischen Vaters, der himmlischen Mutter zu sein.

Liebt eure Feinde, geht aufs Ganze, liebt sie ungeteilten Herzens, geht schöpferisch mit ihnen um.

Nirgends kommen wir dem wahrhaft Göttlichen so auf die Spur wie dann, wenn wir unsere Feinde lieben — mit allem, was das besagt. Und wer sich auf diesen Weg nicht machen will, und nicht machen kann — er ist vielleicht ein ehrenhafter Mensch; aber von Gottes Herrschaft hat er nichts begriffen. Und jeder Versuch, die Forderung der Feindesliebe irgendwie einzuschränken, verschleiert das Bild Gottes. Feindesliebe — sie ist wirklich ein anderer Name für Gott.

XIII. DER VATER, DER INS VERBORGENE SIEHT

Gebt acht, daß ihr eure Gerechtigkeit nicht vor den Menschen zur Schau stellt; sonst habt ihr keinen Lohn von eurem Vater im Himmel zu erwarten (Mt 6,1).

Zu Beginn der Antithesen haben wir einen Satz gelesen, der eigentlich vor jeder Antithese wiederholt werden sollte:

Wenn eure Gerechtigkeit nicht weit vollkommener ist als die der Schriftgelehrten und der Pharisäer, werdet ihr nicht in das Himmelreich kommen (Mt 5,17—20).

Die sechs darauf folgenden Antithesen (Mt 5,21 bis 48) zeigten dann, worin die „weit vollkommenere Gerechtigkeit" der Jesusjünger *inhaltlich* bestehen soll. Jetzt geht die Bergpredigt noch einen Schritt weiter — oder besser: tiefer —: Sie sagt uns, *wie* diese weit vollkommenere Gerechtigkeit auszusehen habe. Nach dem *Was* steht die Frage nach dem *Wie;* nach dem Inhalt soll jetzt die innerste Absicht, die Intention zur Sprache kommen:

Gebt acht, daß ihr eure Gerechtigkeit nicht vor den Menschen zur Schau stellt; sonst habt ihr keinen Lohn von eurem Vater im Himmel zu erwarten.

Die Bedrohung

Dietrich Bonhoeffer hat einmal gesagt: „Der Ruf zum Außerordentlichen ist eine große, unvermeidliche *Gefahr* (!) der Nachfolge." Damit hat er sicher recht. Menschen, die sich zu etwas Außergewöhnlichem berufen wissen, sind immer in Gefahr, sich über andere zu erheben. Menschen, die einen besonderen Weg gehen wollen oder auch gehen müssen, neigen leicht dazu, auf andere geringschätzig herunterzusehen. Sie kommen sich besser vor als die anderen. Und das Bessere, das sie sind und tun, meinen sie dann auch immer wieder vor sich und den andern zur Geltung bringen zu müssen. Der Jesus der Bergpredigt hat das durchschaut. Von der „weit vollkommeneren Gerechtigkeit", wie sie in den Antithesen zum Ausdruck kommt, nimmt er nichts zurück — wie könnte er auch? Aber er muß jetzt aufzeigen, daß diese „weit vollkommenere Gerechtigkeit" nicht ein „weit größeres Selbstbewußtsein" bewirkt, sonst wäre alles umsonst. So sind denn jetzt in dem neuen Abschnitt der Bergpredigt nicht neue Themen zu besprechen. Vielmehr ist es so, daß Jesus nun auf die Innenseite der Gerechtigkeit zu sprechen kommen muß.

Klare Gliederung

Der neue Abschnitt Mt 6,1—18 will die Innenseite der Gerechtigkeit an drei Beispielen deutlich machen: am Almosengeben, am Beten und am Fasten. Das sind drei Bereiche, die für den damaligen Juden und später auch für den Christen — man könnte sagen: bis auf den heutigen Tag — nicht nur typisch, sondern gar selbstverständlich waren. Vielleicht sind es gerade diese „frommen Selbstverständlichkeiten", an denen am deutlichsten zutage tritt, wie fragwürdig die Gerechtigkeit werden kann.

In der Passage, die uns jetzt beschäftigt, fällt nicht nur die Dreiteilung durch die Inhaltsangabe — Almosen, Beten, Fasten — auf, sondern auch die peinlich genaue parallele Gliederung der einzelnen Unterabschnitte. Es ist so, als ob etwas eingehämmert werden möchte, als ob etwas auswendig gelernt werden sollte.

¹*Wenn du* Almosen *gibst,*

²*laß es nicht vor dir herposaunen, wie es die Heuchler in den Synagogen und in den Gassen tun,*

³*um von den Leuten gelobt zu werden.*

⁴*Amen, ich sage euch: Sie haben ihren Lohn schon erhalten.*

Das ist der negative Teil.

Positiv ist parallel so formuliert:

¹ᵃ*Du aber, wenn du* Almosen *gibst,*

²ᵃ*soll deine linke Hand nicht wissen, was deine rechte tut.*

³ᵃ*Dein Almosen soll verborgen bleiben,*

⁴ᵃ*und dein Vater, der ins Verborgene sieht, wird dir vergelten.*

Genau gleich sind auch die Aussagen zum Thema Gebet gegliedert.

Negativ:

¹*Wenn ihr* betet*,*

²*macht es nicht wie die Heuchler. Sie stellen sich beim Gebet gern in die Synagogen und an die Straßenekken,*

³*damit sie von den Leuten gesehen werden.*

⁴*Amen, ich sage euch: Sie haben ihren Lohn bereits erhalten.*

Positiv:

¹ᵃ*Du aber, wenn du* betest*,*

²ᵃ*geh in deine Kammer und schließ die Tür zu,*

³ᵃ*um zu deinem Vater zu beten, der im Verborgenen ist,*

⁴ᵃ*und dein Vater, der ins Verborgene sieht, wird dir vergelten.*

Auch die Aussagen, die das Thema Fasten betreffen, sind genau gleich aufgebaut.

Negativ:

¹*Wenn ihr* fastet*,*

²*macht kein finsteres Gesicht wie die Heuchler. Sie geben sich ein trübseliges Aussehen,*
³*damit die Leute merken, daß sie fasten.*
⁴*Amen, ich sage euch: Sie haben ihren Lohn bereits erhalten.*

Positiv:

¹ᵃ*Du aber, wenn du fastest,*
²ᵃ*salbe deinen Kopf und wasche dein Gesicht,*
³ᵃ*damit die Leute nicht merken, daß du fastest, sondern nur dein Vater, der auch das Verborgene sieht;*
⁴ᵃ*und dein Vater, der ins Verborgene sieht, wird dir vergelten.*

Keine Zuschauer

Daß hinter einer so klar gegliederten Komposition eine bestimmte Absicht steht, liegt auf der Hand. Almosengeben, Beten und Fasten werden nicht in Frage gestellt. In Frage gestellt wird das Wie. Almosengeben, Beten und Fasten ertragen keine Zuschauer; auf Zuschauer sind Schauspieler angewiesen. „Heuchler" nennt sie der Text; denn Heuchler nennt man Menschen, die etwas anderes tun und sind, als was sie sagen. Almosengeben, Beten, Fasten sind nicht Dinge, die zur Schau getragen werden können; sie ereignen sich nicht an der Oberfläche; sie sind nicht „Theater". Almosengeben, Beten und Fasten ereignen sich im Tiefsten des Menschen, dort, wo nicht einmal der Mensch sich selber zusehen kann; sie ereignen sich dort, wo nur der Vater im Himmel zusieht.

Es ist eine Eigentümlichkeit Jesu — wir fanden sie schon in den Antithesen —, daß er zwischen Gott und den Menschen keine Mittlerrollen duldet. Nicht einmal sich selbst will er zwischen Gott und die Menschen schieben. Und was immer den Menschen die Sicht auf Gott nimmt, was immer die Unmittelbarkeit zu Gott stört, findet bei Jesus keine Gnade. Weil es die Menschen korrumpiert. Weil es die Menschen um das Gute bringt. Dein Almosen soll verborgen bleiben; bete zu deinem Vater, der im Verborgenen ist; dein Fasten soll nur von deinem Vater gesehen werden, der auch das Verborgene sieht. Und dein Vater, der ins Verborgene sieht, wird dir vergelten.

Keine Berechnung

Etwas ist in dem Text, was uns vielleicht stört. Es ist zu oft die Rede vom Lohn. Sollen wir denn Almosen geben, um von Gott belohnt zu werden? Sollen wir denn beten und fasten, um von Gott belohnt zu werden? Jesus meint sicher nicht, daß wir nur auf Lohn hin Gutes tun sollen. Vor allem rät er uns ab, selbst unseren Lohn vor Gott auszurechnen. Wer ausrechnet, hat eben schon kassiert. Er wird nicht mehr bekommen, als was er sich ausrechnet. Und unsere Zahlensysteme sind zu kleinkariert und zu eng. Jesus meint, daß wir furchtbar schlecht mit unserem Lohn wegkommen, wenn wir ihn uns selber ausrechnen. Er rät uns, den himmlischen Vater selbst den Lohn bestimmen zu lassen. Er kennt ganz andere Zahlenbezüge.

Ein gutes Beispiel dafür ist das Gleichnis von den Arbeitern im Weinberg (Mt 20,1—16). Diejenigen, die von der Frühe an gearbeitet haben, haben sich und dem Weinbergbesitzer den Lohn ausgerechnet — und sie wurden enttäuscht. Ganz anders diejenigen, die erst zur letzten Stunde gekommen sind. Sie erhielten sehr viel mehr, als sie sich erträumen ließen. Gottes Lohn ist sein Geschenk. Es ist ein Geschenk, das sich menschlichem Ermessen entzieht. Wer rechnet, wer Gott gegenüber auf sein Recht pochen will, wird nicht mehr bekommen, als er sich selbst errechnet, das heißt, er wird — im Verhältnis zu dem, was Gott schenkt — leer ausgehen.

Überlassen wir also das Errechnen des Lohnes dem Vater im Himmel. Er kann entschieden viel besser rechnen als wir. Wir brauchen keine Angst zu haben, daß wir zu kurz kommen. Denn Gott rechnet nicht auf billige Art.

Wenn wir also danach fragen, wie die „weit vollkommenere Gerechtigkeit" inwendig aussieht, erhalten wir fürs erste eine doppelte Antwort: Sie erträgt keine Zuschauer, keine Zurschaustellung, und sie überläßt das Zählen dem Vater, der ins Verborgene sieht.

XIV. DIE INNENSEITE DER GERECHTIGKEIT

Wenn du Almosen gibst,
laß es nicht vor dir herposaunen, wie es die Heuchler
in den Synagogen und in den Gassen tun,
um von den Leuten gelobt zu werden.
Amen, ich sage euch: Sie haben ihren Lohn bereits er-
  halten.
Du aber, wenn du Almosen gibst,
soll deine linke Hand nicht wissen, was deine rechte
  tut.
Dein Almosen soll verborgen bleiben,
und dein Vater, der ins Verborgene sieht, wird dir ver-
  gelten.

Wenn ihr betet,
macht es nicht wie die Heuchler. Sie stellen sich beim
  Gebet
gern in die Synagogen und an die Straßenecken,
damit sie von den Leuten gesehen werden.
Amen, ich sage euch: Sie haben ihren Lohn bereits er-
  halten.
Du aber, wenn du betest,
geh in deine Kammer, und schließ die Tür zu,
um zu deinem Vater zu beten, der im Verborgenen ist,
und dein Vater, der ins Verborgene sieht, wird dir ver-
  gelten.

Wenn ihr fastet,
macht kein finsteres Gesicht wie die Heuchler. Sie ge-
  ben sich ein trübseliges Aussehen,
damit die Leute merken, daß sie fasten.
Amen, ich sage euch: Sie haben ihren Lohn bereits er-
  halten.

Du aber, wenn du fastest,
salbe deinen Kopf und wasche dein Gesicht,
damit die Leute nicht merken, daß du fastest, sondern
*   nur dein Vater, der auch das Verborgene sieht;*
und dein Vater, der ins Verborgene sieht, wird dir ver-
*   gelten* (Mt 6,2—4.5—6.16—18).

Almosengeben, Beten, Fasten — das sind Grundhaltungen im Leben eines jeden frommen Juden und Christen, wohl auch im Leben vieler Menschen in anderen Religionen. An diesen Beispielen will Jesus zeigen, wie die „weit vollkommenere Gerechtigkeit", die er von seinen Jüngern und Jüngerinnen erwartet, „inwendig" aussieht. Merken wir wohl: Nicht jüdische und christliche Gerechtigkeit werden hier einander gegenübergestellt, sondern zwei Gerechtigkeiten, wovon die eine im Äußerlichen, Schauspielerischen, Rechnenden stehenbleibt, während die andere sich ganz auf den Vater verläßt, „der ins Verborgene sieht".

Almosen geben

„Almosengeben" oder auch „Wohltätigkeit" ist ein ganz besonderes Erbe, das wir Christen vom Judentum übernommen haben und weiterhin mit ihm teilen. Zur Zeit Jesu gab es noch keine gemeindlich oder staatlich organisierte Armenversorgung, es gab keine Krankenversicherungen, keine Pensionskassen und keine Altersvorsorge. Um so nachdrücklicher wurde deswegen die Wohltätigkeit empfohlen. Viele Menschen waren auf Almosen ganz einfach angewiesen, wenn sie überleben wollten. Es ist leicht einzusehen, daß sich in das Almosenwesen immer wieder Mißbräuche einschlichen. Zu leicht bietet es — nicht nur den Wohlhabenden — Anlaß, sich selbst gut hinzustellen, um von andern belobigt zu werden. Bedeutende jüdische Lehrer der damaligen Zeit haben diese Mißbräuche immer wieder gegeißelt. Aber die Mißstände blieben. Bis auf den heutigen Tag. Auch bei uns Christen.

Vielleicht sollte es heute keine Almosen mehr geben. Juden wie Christen werden sich heute eher für soziale Gerechtigkeit unter allen Menschen einsetzen. [Den Hunger und die Armut bei uns und in der weiten Welt bekämpfen wir nicht wirksam durch Almosen, sondern durch Gerechtigkeit.]Die Reichen werden ihr schlechtes Gewissen nicht dadurch beruhigen können, daß sie von ihrem Überfluß geben. Sie sind reich, weil sie auf Kosten der Armen leben, und die Armen sind arm, weil sie von den Reichen ausgebeutet werden. Nicht Wohltätigkeit ist das Gebot der Stunde, sondern Gerechtigkeit.

Allerdings: Von einer vollkommen gerechten Gesellschaft sind wir noch weit entfernt. Zudem wird immer mit Härtefällen zu rechnen sein, deren Ursachen gar nicht oder nicht allein in der Ordnung des menschlichen Zusammenlebens zu suchen sind, wie Naturkatastrophen und Hungersnöte. Wir können uns also nicht einfach — im Bann der Utopie von der vollkommenen Gesellschaft — von der Wohltätigkeit dispensieren. Und schon sind wir bedroht: von unserem Dünkel, von unserem Besser-scheinen-Wollen, von unserer Sucht der Selbstdarstellung, von unserem Rechnen. Fastenopfer, Caritas, Glücksketten — so nötig sie auch sind, immer wieder verführen sie uns dazu, unsere Großzügigkeit ins Rampenlicht zu stellen und uns und Gott die enormen Summen vor Augen zu führen, mit denen wir den Armen und Hungernden helfen. „Ihr habt Euren Lohn bereits kassiert."

Ist der Mensch einmal vom Zwang der Selbstdarstellung und vom mühsamen Rechnen befreit, kann er sich Gott und der Welt gegenüber ganz anders einstellen. Jesus kann dann sagen: „Wenn du Gutes tust, dann tu es so unauffällig, daß deine Linke nicht einmal weiß, was deine Rechte tut." Also nicht einmal du selbst sollst dir zusehen. Der einzige, der dir zusehen soll, ist der Vater im Himmel. Er, der ins Verborgene sieht, dahin sieht, wo nicht nur die andern nicht sehen sollen, sondern wo nicht einmal du selbst hinsehen sollst, er, der ins innerste Verborgene sieht, er wird dir auch vergelten. Er wird dir jenen Lohn auszahlen, den du selbst überhaupt nicht zu errechnen vermagst.

Es geht also auch nicht um ein Pathos der Bescheidenheit. Nein, grundsätzlich geht es um die nicht mehr verrechenbare, entschlossene Hinwendung und Zuwendung zum Nächsten.

Irgendwie schimmert aus diesem Jesuswort das Gleichnis vom barmherzigen Samaritan durch. Der hat sich nicht hinter irgendwelchen Geboten verschanzt. Er hat sich keinen Lohn ausgerechnet. Er hat sich nicht ins Recht gesetzt. Er hatte in der Wüste auch keine Zuschauer. Er fragte nicht nach erlaubt und verboten. Entschlossen ging er auf den Mann zu, der halbtot am Boden lag, und er hat getan, was man einfach tun muß. Er, der Samaritan, empfand das, was er tat, nicht als Luxus, sondern als das Selbstverständlichste, als das Notwendige. So ist es richtig. So ist es auch gemeint. Der Samaritan braucht nicht einen Namen. Er braucht nicht einen Orden. Er braucht nicht ein Denkmal. Er braucht Leute, die so handeln wie er: *Geh hin, und handle ebenso* (Lk 10,37).

Beten

Auch das Beten ist ein kostbares Erbe, das wir vom Alten Testament übernommen haben und mit unseren jüdischen Glaubensbrüdern und -schwestern teilen. Daß auch das Gebet, das Reden mit Gott, das Intimste, was es für den Menschen überhaupt gibt, von der Gefahr des Bösen und des Egoistischen bedroht ist, ist sehr traurig, aber ebenso wahr. Wie leicht kann es doch geschehen, daß selbst das Beten zur Schau gestellt wird, nur damit wir voreinander und vor Gott gut dastehen, oder weil wir meinen, durch unser Gebet uns von Gott etwas erhandeln zu können. Nicht selten ist unser Gebet nichts anderes als eine fromm verschleierte Flucht vor der Verantwortung. Statt uns den Problemen zu stellen, statt hinzuhören auf den Schrei der Kranken und der Verfolgten, statt feinfühlig zu werden gegenüber der Ausweglosigkeit und dem Suchen der Jugendlichen, „schließen wir sie in unser Gebet ein", veranstalten wir Wallfahrten und Prozessionen und machen dann den lieben Gott verantwortlich für die allgemeine Misere.

Die Bergpredigt weist uns in eine andere Richtung, ohne daß sie Wallfahrten, Prozessionen und andere öffentliche Gebete kurzerhand abschaffen möchte. Jesus sagt: *Du aber, wenn du betest, dann geh in deine Kammer und schließ die Tür zu und bete zu deinem Vater im Verborgenen. Und dein Vater, der ins Verborgene sieht, wird dir vergelten.*

Die Kammer, von der Jesus spricht, ist die Vorratskammer. In jedem israelitischen Haus gab es eine Vorratskammer, die dunkel war, das heißt keine Fenster hatte, und die man abschließen konnte — übrigens der einzige Raum in einem israelitischen Haus, den man abschließen konnte. Es handelt sich also keineswegs um einen gottesdienstlichen Raum, und von liturgischer Weihe kann überhaupt nicht die Rede sein. Es war im Gegenteil eine Vorratskammer, in welcher es nach Öl und Wein roch, nach Arbeit und Leben und Freude und nach Dankbarkeit. In diese Kammer nun sollte man sich zurückziehen, um dort zum himmlischen Vater zu beten. Das Gebet erträgt keine Zuschauer. In dieser Kammer habe ich Gott auch nichts vorzuweisen — außer dem, was er mir selber gibt. Mit leeren

Händen stehe oder sitze ich da. In dieser Kammer, in der es so irdisch duftet, bin ich ganz dem Vater, der ins Verborgene sieht, ausgeliefert. Wehrlos, machtlos und ganz unmittelbar.

Das Wort ist sehr befreiend. Wir brauchen keine Profis zu sein, um beten zu können. Wir brauchen uns auch nicht alle möglichen Geheimtips geben zu lassen, wie wir beten sollen, was für eine Körperhaltung wir einzunehmen haben, welche Psalmen und Gebete und Lieder wir singen sollen. Auf all das Selbstgefällige, das sich uns hier und dort immer wieder aufdrängt, dürfen wir ruhig verzichten. Die Vorratskammer genügt, das heißt ein stilles Kämmerlein, in welches ich mich zurückziehen kann, um mit leeren Händen vor Gott zu stehen.

Fasten

Das Fasten, ebenfalls eine Praxis, die wir vom Alten Testament und vom Judentum her übernehmen durften, ist heute wieder Mode geworden. Sicher fasten wir heute nicht mehr gleich wie vor fünfzig Jahren. Auch die Begründungen für das Fasten sind andere geworden. So gibt es beispielsweise ein Fasten, das der Einsicht entspringt, daß unser Konsumverhalten völlig verkehrt ist. Wir frönen einer Konsumhaltung, die nicht nur uns selbst unglücklich macht, sondern die ganze Welt dem Ruin näher und näher bringt. Dadurch, daß wir meinen, alles haben zu müssen, was wir uns kaufen können, füllen wir die Welt mit allen möglichen Sachen, ohne die wir ebenso gut leben könnten. Dabei könnten wir unser Geld, unsere Energie und unsere Phantasie in Güter investieren, die jenen Menschen zugute kämen, die nichts oder fast nichts haben.

Glücklicherweise gibt es je länger je mehr Leute, die sich von unserem besinnungslosen Konsumverhalten entschieden abwenden. Sie suchen so etwas wie einen alternativen Lebensstil und weigern sich, alles haben zu müssen, was ihnen angeboten wird oder was sie mit Geld erkaufen können. Sie verzichten auf einen Wagen und besteigen lieber die umweltfreundlichere Eisenbahn. Kürzere Strecken legen sie zu Fuß zurück oder benutzen das Fahrrad. Sie verzichten auf den Fernsehapparat und suchen in der Familie wieder mehr das Gespräch; sie lesen, basteln und spielen. Sie sind bestrebt, den Fleischkonsum auf ein Minimum zu beschränken, und ernähren sich von Gemüse und Früchten.

Es besteht kein Zweifel, daß solche Leute zu beglückwünschen sind und daß ihr Beispiel nachahmenswert ist. Und doch. Auch dieses moderne Fasten ist gegen die Versuchung der Angeberei und Rechnerei nicht gefeit. Kritisches Konsumverhalten, so notwendig es auch ist, kann leicht zu einer mehr oder weniger versteckten Angeberei führen. Auch das moderne Fasten erträgt keine Zuschauer. Jesus sagt: *Wenn du fastest, salbe deinen Kopf und wasche dein Gesicht, damit die Leute nicht merken, daß du fastest, sondern nur dein Vater, der auch das Verborgene sieht; und dein Vater, der ins Verborgene sieht, wird dir vergelten.* Im Klartext: Wenn ihr fastet, wenn ihr Verzichte leistet, dann tut es nicht um des Verzichts willen, dann tut es nicht, um eine Hungerlinie zu demonstrieren. Wenn ihr fastet, dann soll es sein, wie wenn ihr zu einem Fest schreitet. Dann soll der Duft der Hochzeit zu riechen sein. Dann soll man sich freuen können, wenn man euch sieht. Im Mittelpunkt des Fastens steht nicht der Verzicht, und das Ziel des Fastens ist nicht das „Staunen der Völker". Sinn unseres Fastens ist eine bessere, eine gerechtere, eine wohnlichere Welt.

Je mehr wir uns mit diesen Worten beschäftigen, desto deutlicher wird: Jesus bietet nicht eine neue, eine „christliche" Technik der Wohltätigkeit oder des Gebets oder des Fastens an. Jesus bietet uns eine neue *Freiheit* an, in der wir unser Verhältnis zu Gott und unser Verhältnis zu unseren Mitmenschen neu und schöpferisch und phantasievoll gestalten können. Eben diese Freiheit ist das Inwendige der „weit vollkommeneren Gerechtigkeit". Eben diese Freiheit ist die Voraussetzung dafür, daß Liebe überhaupt möglich ist. — Und wer möchte leugnen, daß es beim Almosengeben, beim Fasten und beim Beten letztlich um die Liebe geht?

XV. SO NUN SOLLT IHR BETEN

Wenn ihr aber betet, plappert nicht daher wie die Hei-
den. Denn sie meinen erhört zu werden, wenn sie viele
Worte machen. Macht es also nicht wie sie. Euer Va-
ter weiß ja, was ihr braucht, bevor ihr ihn bittet.
So nun sollt ihr beten:
Unser Vater in den Himmeln . . . (Mt 6,7—9).

Der klare Aufbau von Mt 6,1—18 wird in der Mitte unterbrochen. An den Beispielen Almosengeben, Beten
und Fasten wird die „Innenseite" der neuen Gerechtigkeit untersucht. Beim Thema „Beten" verweilt Matthäus länger. Er hat hier nicht nur Raum, fragwürdige
Gebetspraktiken seiner Zeit anzuprangern; er nimmt
auch die Gelegenheit wahr, jenes Gebet zu überliefern,
das als „Vaterunser" oder „Gebet des Herrn" in das Beten und Leben der Christen eingegangen ist.

Nicht einmal hier herrscht Einheit

Im Neuen Testament sind zwei verschiedene Fassungen des Vaterunsers überliefert: eine längere bei Matthäus, eine kürzere bei Lukas. Auch der Zusammenhang oder der Rahmen, in dem das Herrengebet überliefert ist, ist je verschieden. Während Lukas offensichtlich an Leser schreibt, die des Betens unkundig sind,
die das Beten gelehrt werden müssen, geht es dem
Evangelisten Matthäus mehr um die *rechte Art* des Betens. Damit diese Unterschiede deutlicher werden, sollen beide Vaterunser-Fassungen mit ihrer jeweiligen
Rahmung nebeneinandergestellt werden.

Matthäus 6	Lukas 11

Matthäus 6

[7] *Wenn ihr aber betet,*
   so plappert nicht wie die Heiden;

sie meinen nämlich,
sie werden erhört werden,
wenn sie viele Worte machen.
[8] *Macht es also nicht wie sie;*
denn euer Vater weiß,
was ihr braucht,
ehe ihr ihn bittet.
[9] *So nun sollt ihr beten:*
Unser Vater in den Himmeln,
geheiligt werde dein Name,
[10] *es komme deine Königsherr-*
schaft,
es geschehe dein Wille,
wie im Himmel, so auch auf
Erden.
[11] *Unser Brot, das wir brauchen,*
   gib uns heute,
[12] *und vergib uns unsere Schulden,*
wie auch wir vergeben haben
   unsern Schuldnern;
[13] *und führe uns nicht in Versu-*
chung,
sondern befreie uns von dem
Bösen.
[14] *Wenn ihr nämlich den Men-*
schen
   ihre Verfehlungen vergebt,
so wird auch euer himmlischer
Vater
   euch vergeben.
[15] *Wenn ihr aber den Menschen*
   nicht vergebt,
so wird auch euer Vater
   eure Verfehlungen nicht ver-
geben.

Lukas 11

[1] *Und es begab sich,*
als er eines Tages an einem
Ort betete,
sagte einer seiner Jünger,
als er geendet hatte, zu ihm:
Herr, lehre uns beten,
wie auch Johannes seine Jün-
ger gelehrt hat.

[2] *Er sprach zu ihnen:*
Wenn ihr betet, so sprecht:
Vater,
geheiligt werde dein Name,
es komme deine Königsherr-
schaft.

[3] *Unser Brot, das wir brauchen,*
   gib uns Tag für Tag,
[4] *und vergib uns unsere Sünden,*
wie denn auch wir vergeben
   jedem, der uns schuldet,
und führe uns nicht in Versu-
chung.

[5-8] Das Gleichnis vom zudringlichen Freund

Der Vergleich macht es deutlich: Matthäus wehrt eine
falsche Gebetspraxis ab: „Nicht plappern wie die Heiden!" „Macht es nicht so wie sie!"

Bei Lukas stehen nicht Jünger um Jesus, die falsch
beten, sondern Leute, die überhaupt nicht beten. Vielleicht trauen sie sich nicht; vielleicht haben sie es nie
gelernt. Anfänger sind es so oder so. Das dem Vaterunser folgende Gleichnis vom zudringlichen Freund will
die Jünger zum Beten ermutigen: Ihr dürft beten, ihr
sollt beten; macht es wie der unverschämte Freund
(11,5—8).

Die Voraussetzung richtigen Betens: unsere Vergebung

Bei Matthäus spricht Jesus nicht zu Anfängern, sondern zu „Profis", ja zu Routiniers. Sie haben sich eine
ganze Technik angeeignet, so, daß sie gar nicht mehr
darauf achten, was sie beten. Das Gebet ist von ihrem
Leben getrennt und hat seine eigene Gesetzmäßigkeit
erhalten. Im direkten Anschluß an das Vaterunser steht
bei Matthäus eine Fußnote, die dem Leser den Zusammenhang zwischen Leben und Beten nur ja recht deutlich machen soll.

Wenn ihr nämlich den Menschen ihre Verfehlungen
vergebt, so wird auch euer himmlischer Vater euch ver-
geben. Wenn ihr aber den Menschen nicht vergebt, so
wird auch euer Vater eure Verfehlungen nicht verge-
ben (6,14—15).
Nichts spricht dagegen, daß diese Mahnung von Jesus selber stammt, wenn er das Wort möglicherweise
auch in einem andern Zusammenhang gesprochen hat.
Sicher ist, daß das Anliegen Jesu bei den Evangelisten,
wie in der frühen Kirche überhaupt, auf großes Echo
stieß und ganz besonders dem Evangelisten Matthäus
teuer wurde, wie ein Blick in das 18. Kapitel seines
Evangeliums zeigt. Nicht die Sünden sind das Tragi-
sche in einer Gemeinde, sondern die Unversöhnlich-
keit, die Unbarmherzigkeit. Und Gebet wird zur Lüge,
wo der Mensch nicht bereit ist zu verzeihen. Daß dieses

Anliegen ausgezeichnet zur Theologie des Matthäus paßt, geht auch aus der Tatsache hervor, daß Matthäus, und zwar nur er, gleich zweimal in sein Evangelium das Wort aus dem Propheten Hosea (6,6) einfügt:

Erbarmen will ich, nicht Opfer! (Mt 9,13; 12,7)

Das bedeutet doch, daß Matthäus in diesem Prophetenwort das Anliegen Jesu auf beste Weise zusammengefaßt sah: Ich will nicht, daß ihr mir Opfer bringt, sondern daß ihr barmherzig seid!

Wenn Matthäus derart eindringlich auf Vergebung und Barmherzigkeit pocht, ist das ein Zeichen dafür, daß diesbezüglich in seiner Gemeinde etwas nicht in Ordnung war. Verstärkt wird dieser Eindruck dadurch, daß die Mahnung Mt 6,14—15 die einzige Erklärung zum Vaterunser ist, obwohl es dort doch sicher noch mehr zu erklären gegeben hätte. Man darf schon behaupten, daß die Verzeihung dem Bruder und der Schwester gegenüber die wichtigste und auch die unabdingbare Voraussetzung dafür ist, das Vaterunser beten und verstehen zu können. Zum vornherein kann man also sagen, daß nach Matthäus das Vaterunser das Gebet ist, das die Gemeinde nicht nur beten, sondern auch leben sollte. [Und daß nach Matthäus als wichtigstes Zeichen für ein echtes christliches Leben und Beten die Vergebung ist.]

Ein Gebet, das wächst

Nun könnte man sich freilich wieder fragen, welcher der beiden Evangelisten uns wohl die ursprünglichere Fassung des Vaterunsers überliefere. Bei einer solchen Frage darf es nicht darum gehen, einen „ursprünglichen", gewissermaßen „reinen" Text herauszudestillieren. Textvergleiche sind nur dann sinnvoll, wenn sie uns lehren, die Texte selber besser zu verstehen.

Wie aus dem Textvergleich hervorgeht, bringt uns

Matthäus die längere Fassung, so, daß darin die kurze Fassung des Lukas enthalten ist. Aber sehen wir gut hin, an welchen Stellen der Matthäustext gegenüber Lukas länger ist:

1. bei der Anrede: *Vater unser in den Himmeln;*

2. am Schluß der Du-Bitten: *es geschehe dein Wille, wie im Himmel, so auch auf Erden;*

3. am Schluß der Wir-Bitten: *sondern befreie uns von dem Bösen.*

Man könnte sagen, das Vaterunser sei gewachsen, und zwar genau an jenen Stellen, an welchen auch andere Gebete wachsen. Es gibt — so haben die Gelehrten herausgefunden — gewisse Gesetzmäßigkeiten, nach denen Gebete wachsen. Das hört sich zwar etwas eigenartig an, ist im Grunde genommen aber etwas sehr Wichtiges und Schönes: Gebete werden nicht nur geplappert, nicht nur auswendig gelernt. Die ersten Christen haben mit dem Gebet des Herrn *gelebt,* sie haben das kurze Vaterunser, wie Lukas es uns überliefert, als Leitfaden genommen und haben, vom Gebet selber inspiriert, daran weiter gebetet.

Das Vaterunser ist übrigens noch weiter gewachsen. Irgendwie war es für die Gemeinde unerträglich, ein so bedeutsames Gebet so abrupt enden zu lassen:

Und führe uns nicht in Versuchung, sondern befreie uns von dem Bösen.

Schon früh haben darum Christen das Gebet mit einem Lobpreis enden lassen, den sie in Anlehnung an ein Gebet im 1. Buch der Chronik (29,10—11) gestaltet haben:

Denn dein ist das Reich und die Kraft und die Herrlichkeit in Ewigkeit. (Amen.)

Dieser abschließende Lobpreis hat in viele griechische Handschriften Eingang gefunden, nicht aber in die offizielle lateinische Übersetzung, wie sie in der katholischen Kirche gebraucht wurde. Als dann die Reformatoren im 16. Jahrhundert auf den griechischen Text zurückgriffen, fanden sie den Lobpreis in vielen griechischen Handschriften und haben ihn dem Vaterunser angefügt. Die Katholiken blieben bei ihrer Version, das heißt, sie beteten das Vaterunser ohne abschließenden Lobpreis. Erst in neuerer Zeit, im Sinne einer ökumenischen Verständigung, haben auch die Katholiken diesen Lobpreis ihrem Vaterunser angefügt.

Ein Gebet, das lebt

Wir können also sagen: Was den Umfang oder die Anzahl der Bitten anbelangt, bietet das Lukasevangelium die ursprünglichere Fassung. Das Matthäusevangelium bringt eine Fassung, die vom Wachsen des Vaterunsers Zeugnis ablegt. Wenn wir aber einzelne Wendungen näher ansehen, zeigt es sich, daß Matthäus dem Gebet, wie Jesus es gesprochen haben könnte, näher kommt. Hier nur der eine oder andere Hinweis.

Die *Brotbitte* lautet bei Matthäus:

Unser Brot, das wir brauchen, gib uns heute.

Man kann sich von dieser Bitte aus die Frage stellen, wer eigentlich die ursprünglichen Beter waren. Antwort: Es waren arme Leute, Bettler, Menschen, die Hunger hatten, Männer und Frauen, die so arm dran waren, daß sie es sich nicht einmal leisten konnten, sich um den morgigen Tag Sorgen zu machen (vgl. Mt 6,34), weil sie heute zum Essen kommen mußten. Vielleicht denken wir an den armen Lazarus (Lk 16,19—31) oder an die arme Witwe (Mk 12,41—44). Zu denken ist aber auch an Jesus selbst und seine Jüngerinnen und Jünger: sie haben ja alles verlassen, Familie, Beruf, Haus, Hof, zogen herum und verkündeten das Kommen der Herrschaft Gottes. Und sie stützten sich dabei auf nichts

und niemanden anders als auf den Vater im Himmel.
Bei Lukas ist die Brotbitte „realistischer" formuliert:
Unser Brot, das wir brauchen, gib uns Tag für Tag.

Menschen, die so beten, haben nicht mehr nur gerade den heutigen Tag vor Augen; sie erbeten die tägliche Sicherung durch Gott auch schon für die Zukunft. So beten seßhafte Familien, Familienväter, Familienmütter, Kinder, Menschen, die Verantwortung tragen für einander und dabei auch schon an die Zukunft denken. Wir sollen dieses Gebet nicht moralisch bewerten; es ist einfach anders, weil es einem andern Lebensstil entspricht.

Auch bei der *Vergebungsbitte* zeigen die beiden Fassungen des Vaterunsers Verschiedenheiten auf. Matthäus:

Vergib uns unsere Schulden,
wie auch wir vergeben haben unseren Schuldnern.

Lukas:

Vergib uns unsere Sünden,
wie denn auch wir vergeben jedem, der uns schuldet.

Entsprechend dem jüdischen Umfeld konnten Matthäus und seine Gemeinde Sündhaftigkeit im Sinn von (Geld-)Schulden interpretieren (vgl. Mt 18,23—35). Für Lukas und seine Leser ist eine solche Deutung nicht mehr so selbstverständlich; darum wählt Lukas lieber einen griechischeren, auch einen theologischeren Begriff: *vergib uns unsere Sünden*. Im zweiten Teil der Bitte legt aber Lukas Wert darauf, daß niemand von der Vergebung ausgenommen werde: *wie denn auch wir vergeben jedem, der uns schuldet*.

Diese paar Beispiele zeigen es uns erneut: Das Vaterunser ist nicht nur Text. Wenn wir die zwei verschiedenen Fassungen miteinander vergleichen, wird deutlich: Es ist — wie jeder biblische Text — voller Geschichte und voller Leben.

XVI. DAS VATERUNSER

Unser Vater in den Himmeln,
geheiligt werde dein Name,
es komme deine Königsherrschaft,
es geschehe dein Wille, wie im Himmel, so auch auf
Erden.
Unser Brot, das wir brauchen, gib uns heute,
und vergib uns unsere Schulden,
wie auch wir vergeben haben unsern Schuldnern;
und führe uns nicht in Versuchung,
sondern befreie uns von dem Bösen (Mt 6,9—13).

Kein Gebet hat im Christentum eine so große Bedeutung erlangt wie das Vaterunser. Schon sehr früh muß es in den Zusammenkünften der Christen gebetet worden sein. In der Eucharistiefeier erhielt es bald einmal seinen festen Platz vor der Kommunion.

Nachdem wir die beiden neutestamentlichen Fassungen miteinander verglichen und den jeweiligen Zusammenhang aufgezeigt haben, wollen wir uns jetzt an das Gebet selber wagen. Wir folgen dabei der Fassung des Matthäusevangeliums; sie hat sich schließlich durchsetzen können.

Unser Vater in den Himmeln

Den Jüngern und Jüngerinnen und den ersten Christinnen und Christen muß als Besonderheit aufgefallen sein, daß Jesus Gott mit „Abba" angesprochen hat. Dieses Wort ist darum so schwer zu übersetzen, weil es den Sachverhalt, der dahinter steht, heute bei uns nicht mehr gibt. „Vater" bedeutete damals etwas anderes als heute, wo wir es in unseren Gegenden mit Kleinfamilien zu tun haben. Das Wort „Vater" ist der damaligen patriarchalisch geordneten Großfamilie entnommen. „Abba" ist aber nicht gleich „Vater". „Abba" drückt eine gewisse Vertrautheit aus. Vielleicht könnte man übersetzen mit „lieber Vater", ohne daß dabei etwas Verniedlichendes oder Anbiederndes zum Ausdruck kommen sollte. Sicher ist, daß die Anrede „Vater" oder „Unser Vater" auf „Abba" zurückgeht.

Wer „Abba" sagt, gibt auch etwas von seinem eigenen Selbstverständnis preis. Dabei müssen wir aufpassen, daß wir nicht falsche Akzente setzen. Wer „Vater" sagt, versteht sich als „Kind". Und wer „Kind" sagt, denkt zuerst nicht an Kleinheit oder Herzigkeit, sondern an *Freiheit*. Kind im Unterschied oder gar im Gegensatz zum Sklaven. „Vater" sagen freie Söhne und Töchter. Für Paulus war das entscheidend. Die beiden Stellen, an denen er das Wort „Abba" (unübersetzt!) verwendet (Gal 4,6 und Röm 8,15), stellt er in den Zusammenhang von Freiheit und Erbschaft.

Vielleicht haben Matthäus und seine Mitchristen geahnt, daß die Anrede „Vater" zu Mißverständnissen Anlaß geben könnte: Sie könnte ja leicht zu billiger und privater Anbiederung mißbraucht werden. Wenn wir aber sagen: „*Unser Vater* in den Himmeln", kommt damit nicht nur die Gemeinschaft der Christen untereinander ins Blickfeld; dadurch, daß der Vater „unser Vater *in den Himmeln*" ist, wird trotz der vertraulichen Anrede die ganze Unverfügbarkeit Gottes zum Ausdruck gebracht.

Geheiligt werde dein Name

Das Passiv wirkt zwar recht schwerfällig, hat aber seine ganz bestimmte Bedeutung. Hinter diesem Passiv verbirgt sich nämlich Gott selbst. Gott selbst soll seinen Namen heiligen. Im Alten Testament steht das Wort „heiligen" oft in ähnlicher Bedeutung wie „großmachen" und „verherrlichen". Und der „Name" steht wiederum für Gott selber. Eigentlich betet man hier darum, daß Gott in seinem ganzen Gottsein zur Geltung kommen möge, daß ihm die gebührende Anerkennung zuteil werde. Das Anliegen des Beters, der Beterin geht dahin, daß Gott ernst genommen werde, daß sein Zuspruch und Anspruch ja nicht verkürzt werde.

Es wird deutlich, daß der Mensch sich durch diese Bitte ganz in Gottes Hand begibt: Wenn Gott seinen Namen heiligen soll, das heißt, wenn Gott als Gott ganz zur Geltung kommen soll, dann bedeutet das für die Beter, daß sie sich auch ganz auf diesen Gott einlassen wollen, ihn lieben wollen aus ganzem Herzen, mit dem ganzen Leben und mit ganzer Kraft.

Es komme deine Königsherrschaft

Was Reich Gottes, was Herrschaft Gottes bedeutet, ist im Neuen Testament nirgends definiert, obwohl die Königsherrschaft Gottes im Zentrum der Verkündigung Jesu steht. Aber von der Predigt und vom Leben Jesu her läßt sich schon einigermaßen ahnen, was Königsherrschaft Gottes bedeuten will. Wenn wir das Wort „Herrschaft" hören, wird uns irgendwie unheimlich zumute. Wir fühlen uns an die Wand gedrückt, ohnmächtig, entmündigt. Es ist in der Tat ein Jammer, wie viele Menschen, sogar Christen, von Gottes Herrschaft diese Vorstellung haben: sie fühlen sich ihm gegenüber als die Unterlegenen, Hilflosen, Gedemütigten, ja sie haben Angst vor Gott. Wenn wir Jesus betrachten, der Königsherrschaft Gottes gepredigt und gelebt hat, sieht das ganz anders aus. Wo Jesus auftritt, können Menschen wieder atmen, können Menschen wieder aufstehen, der Blinde kann wieder sehen, der an die Wand Gedrückte wird in die Mitte gestellt, dem Ausgestoßenen wird Gemeinschaft angeboten. Königsherrschaft Gottes zielt auf das Leben des Menschen: auf das ganze Leben des Menschen und auf das Leben des ganzen Menschen.

Es ist aber nicht zu übersehen, daß Königsherrschaft Gottes auch eine politische Komponente hat — damals wie heute. Wie waren doch Menschen damals von Herren und Herrschaften umgetrieben: die Reichen, die Mächtigen, die Großgrundbesitzer, die Könige und Beamten, die Prokuratoren und Hohenpriester: sie alle übten Herrschaft aus über Menschen, besonders über die Kleinen und Armen und Hungernden.

Wer um das Kommen der Königsherrschaft Gottes bittet, bittet gleichzeitig um die Entmachtung aller anderen Herrschaften. Es gibt sie auch heute; sie tragen nur andere Gesichter und andere Namen: Konsumismus, Wirtschaftswachstum, Aufrüstung — aber immer stehen dahinter die Interessen der Mächtigen und der Bosse, der Diktatoren und der Machthaber; die Männerherrschaft in Politik und Kirche, aber auch die verschiedenen Machtausübungen im privaten Bereich: in der Familie, in der Schule, in der Gestaltung der Karriere, am Arbeitsplatz ...

Wer um die Königsherrschaft Gottes bittet, spricht ein gefährliches, man könnte fast sagen: ein subversives Gebet. Ähnlich dem Magnifikat: Die Mächtigen werden vom Thron gestürzt, die Niedrigen werden erhöht, die Armen werden mit Gaben überhäuft, und die Reichen gehen leer aus ...

Die zentrale Bitte des Vaterunsers macht aus diesem ein „politisches Gebet" im besten Sinne des Wortes.

Es geschehe dein Wille, wie im Himmel,
so auch auf Erden

Es ist, als ob bei dem großen Gebetswunsch um das
Kommen der Königsherrschaft Gottes noch ein wenig
verweilt werden sollte. Nicht daß der Beter passiv werde, nicht daß er keinen eigenen Willen und keine eigene Meinung habe, ist der Sinn dieser Bitte. Der eigene
Wille, der doch meist nur ein „Wille zur Macht" ist, soll
gereinigt, erneuert oder vielleicht sogar „umgepolt"
werden. Weil er eben dem Willen Gottes, der auf das
Leben der Menschen abzielt, noch und noch entgegen-
steht.

Unser Brot, das wir brauchen, gib uns heute

Wir haben bereits vom Lebensstil jener Leute gesprochen, die dieses Gebet einmal gebetet haben. Es waren
Arme, Bettler, Aussteiger, die besitzlos, ohne Familie,
ohne Arbeit von Dorf zu Dorf zogen und Herrschaft
Gottes predigten und praktizierten. Es waren Menschen, die sich auf niemand anders verlassen wollten
als auf den lieben Vater im Himmel.

Diese Bitte zeigt uns sehr deutlich, wie fremd uns
das Vaterunser ist, sind wir doch eingedeckt mit Alters-
und Krankenversicherungen, Pensionskassen, Feuer-
versicherungen und Notvorräten. Ich schlage vor, daß
wir die Fremdheit des Vaterunsers anerkennen. Richtig
beten und verstehen können wir dieses Gebet nur dann,
wenn wir immer wieder umkehren, umdenken, unseren
Lebensstil ändern. Zugespitzt: [Wir sollten uns angesichts dieser Bitte ab und zu die Frage stellen, ob wir
überhaupt Christen sein oder werden können, solange
wir an unserem so aufwendigen Lebensstil festhalten
wollen.]

Vergib uns unsere Schulden, wie auch wir vergeben haben unsern Schuldnern

In einem fast unerträglichen Maß werden hier die Beter in die eigene Existenz eingebunden. Wie nirgends sonst wird die Erfüllung dieser Bitte von unserem eigenen Tun, von unserer eigenen Einstellung abhängig gemacht. Für den Evangelisten Matthäus war das so wichtig, daß er nur zu dieser Bitte einen Kommentar geschrieben hat, nicht in der Absicht, etwas zurückzunehmen, im Gegenteil:

Wenn ihr nämlich den Menschen ihre Verfehlungen vergebt, so wird auch euer himmlischer Vater euch vergeben. Wenn ihr aber den Menschen nicht vergebt, so wird auch euer Vater eure Verfehlungen nicht vergeben (6,14—15).

Und führe uns nicht in Versuchung, sondern befreie uns von dem Bösen

Wir sollten uns an dieser Redeweise nicht stoßen. Sicher ist es nicht Gott, der uns in Versuchung führt. Darauf hat schon Jakobus hingewiesen, als er schrieb: *Keiner sage, wenn er versucht wird: Ich werde von Gott versucht. Denn Gott kann nicht zum Bösen versucht werden; er versucht aber auch selbst niemanden ...* (1,13). Bei der Vaterunserbitte handelt es sich um eine Redeweise, die damals nichts Anstößiges an sich hatte. Dem Beter war klar, worum er bat: „Laß nicht zu, daß ich versucht werde!" Er war offensichtlich der Überzeugung, daß er überhaupt keine Chance hätte, in der Versuchung zu bestehen. In der Tat handelt es sich hier ja auch nicht um eine x-beliebige Versuchung, sondern um die eine große Versuchung: die Versuchung des Abfalls, der Resignation, die Versuchung, Glauben und Hoffen aufzugeben. Es ist die eine große Versuchung, die vielleicht hinter jeder Versuchung steht; aber daß es eine solche Versuchung gibt, braucht nicht lange erläutert zu werden. Trauen wir Gott denn wirklich zu, daß wir Leben haben, wenn wir uns ganz auf ihn verlassen? Warum brauchen wir dann all die Absicherungen? — Trauen wir Gott wirklich zu, daß seine Herrschaft, und nur seine Herrschaft die Welt am Leben erhalten kann? Warum meinen wir dann, mit Macht, mit Aufrüstung, mit Besitzkonzentration, mit dem Schließen von Landesgrenzen, der Abweisung von Asylanten usw. die Herrschaft selber in die Hand nehmen zu müssen?

Ich bin froh um die letzte Bitte des Vaterunsers. Sie tut mir den ganzen Realismus meines Lebens kund. Das Vaterunser ist ein ungemein herausforderndes Gebet, und immer wieder bin ich versucht, mich von diesem Gebet abzuwenden, weil ich doch lieber auf Nummer Sicher gehe: Meine Herrschaft, mein Wille, meine Macht, mein Sicherheitsbedürfnis, mein Durchsetzungsvermögen sind mir wichtiger. Und ich weiß auch, woran ich bei mir bin. Bei Gott weiß man ja nie...

Und führe uns nicht in Versuchung, sondern befreie uns von dem Bösen.

Eine notwendige Bitte. An den „lieben Vater" gerichtet, strahlt sie großen Trost aus.

XVII. MAMMON — DER GEFÄHRLICHE GÖTZE

Sammelt euch nicht Schätze auf Erden,
wo Motte und Wurm sie zerstören
und wo Diebe einbrechen und stehlen.
Sammelt euch vielmehr Schätze im Himmel,
wo weder Motte noch Wurm sie zerstören
und wo keine Diebe einbrechen und stehlen.
Denn wo dein Schatz ist, da ist auch dein Herz.

Das Licht des Leibes ist das Auge.
Wenn nun dein Auge lauter ist,
wird dein ganzer Leib lauter sein.
Wenn aber dein Auge böse ist,
wird dein ganzer Leib finster sein.
Wenn also das Licht in dir Finsternis ist,
wie groß wird dann die Finsternis sein.

Niemand kann zwei Herren dienen.
Entweder wird er den einen hassen und den andern
*   lieben,*
oder er wird zu dem einen halten und den andern ver-
*   achten.*
Ihr könnt nicht Gott dienen und dem Mammon
(Mt 6,19—24).

Eine Tatsache, die wir gern übersehen oder gar verdrängen wollen: In praktisch allen Schichten der neutestamentlichen Überlieferung nimmt die Warnung vor der Gefahr des Reichtums und des Besitzes eine ganz hervorragende Stellung ein. Auch bei Jesus. Es sollte darum nicht überraschen, wenn das Thema Reichtum und Besitz auch in der Bergpredigt eine bedeutende

Rolle spielt: Es steht gewissermaßen im Zentrum der Bergpredigt.

Der Schatz im Himmel

In dem uns vorliegenden Text sind leicht drei Abschnitte zu unterscheiden. Wahrscheinlich entstammen sie verschiedenen Traditionen, auch wenn jedes der drei Worte gute Aussicht hat, auf Jesus selbst zurückzugehen. In der Bergpredigt werden sie deutlich unter ein einziges zentrales Thema gefaßt: Die Kritik am Reichtum.
Verhältnismäßig leicht ist das erste Wort zu verstehen.

Sammelt euch nicht Schätze auf Erden,
wo Motte und Wurm sie zerstören
und wo Diebe einbrechen und stehlen.
Sammelt euch vielmehr Schätze im Himmel,
wo weder Motte noch Wurm sie zerstören
und wo keine Diebe einbrechen und stehlen.
Denn wo dein Schatz ist, da ist auch dein Herz.

Der Aufbau ist klar: Zwei parallele Forderungen, die erste negativ, die zweite positiv formuliert. Das Ganze wird abgeschlossen mit der Begründung, daß beim Schätzesammeln der ganze Mensch — das Herz — in Beschlag genommen ist.

Die beiden ersten Sätze appellieren an den gesunden Menschenverstand. Da gibt man sich alle erdenkliche Mühe mit dem Zusammenraffen von Schätzen, das heißt von Kleidern (schon damals ein Statussymbol!), kostbaren Textilien, von haltbaren Lebensmitteln, von Schmuck und Perlen, Geld und Pfandbriefen ... und eines guten oder bösen Tages ist alles weg: Motten haben die Kleider zerfressen, der Holzwurm hat die Truhe zerstört, oder Diebe haben alles mitgehen lassen. Soviel Mühe umsonst!

130

Offensichtlich soll der Leser wissen, wie man „im Himmel" Schätze sammelt. Für die damalige Zeit war das klar: Man sammelt sie durch Almosen, durch die Werke der Barmherzigkeit und was an guten Taten gegenüber den Mitmenschen aufzuzählen ist: Diese Schätze können weder zerstört noch gestohlen werden. Die Aufforderung Jesu ist höchst vernünftig.

In dem abschließenden Satz kommt nun aber ein Gesichtspunkt hinzu, der eine tiefe Einsicht in das Schätzesammeln verrät:

Wo dein Schatz ist, da ist auch dein Herz.

Beim Schätzesammeln geht es letztlich nicht nur um ein äußeres Tun; man soll auch nicht sagen, Jesus würde vor zu großem Reichtum warnen. Jesus will betonen, daß beim Schätzesammeln, das heißt bei den Fragen nach Geld und Reichtum, prinzipiell das „Herz" des Menschen, *der ganze Mensch,* auf dem Spiel steht. Deutlicher kann der Warnung vor Besitz kaum Ausdruck gegeben werden als dadurch, daß man von ihm sagt, er gefährde das Menschsein im Tiefsten.

Das böse Auge

Das zweite Wort ist etwas schwieriger zu verstehen, weil es nicht so sicher ist, inwiefern man es im übertragenen Sinn deuten soll.

Das Licht des Leibes ist das Auge.
Wenn nun dein Auge lauter ist,
wird dein ganzer Leib lauter sein.
Wenn aber dein Auge böse ist,
wird dein ganzer Leib finster sein.
Wenn also das Licht in dir Finsternis ist,
wie groß wird dann die Finsternis sein.

Am besten gehen wir davon aus, daß das Auge im Judentum immer schon eine übertragene Bedeutung hatte: In den Augen spiegelt sich gewissermaßen der

Charakter des Menschen wider, und der Charakter des Menschen zeigt sich am deutlichsten in seinem Umgang mit dem Geld. Es sei hier, beispielsweise, an das Gleichnis von den Arbeitern im Weinberg erinnert (Mt 20,1—15). Jene Arbeiter, die den ganzen Tag gearbeitet und gleichviel Lohn erhalten haben wie diejenigen, die nur eine Stunde gearbeitet haben, äußern dem Weinbergbesitzer gegenüber ihren Unmut. Sie sind der Überzeugung, daß der Weinbergbesitzer ungerecht gehandelt habe. Dieser sieht sich veranlaßt, seine Vorgehensweise zu rechtfertigen. Dem Delegierten der Ganztagsarbeiter sagt er:

Ich tue dir kein Unrecht. Hast du mit mir nicht einen Denar vereinbart? Nimm das Deine und geh. Ich will aber diesem Letzten geben wie dir. Oder darf ich mit dem Meinen nicht tun, was ich will? Oder ist dein Auge böse, weil ich gut bin?

Man könnte auch sagen: „Oder bist du böse, weil ich gut bin?" Was „böse" und „gut" bedeuten, muß man dem Zusammenhang entnehmen. Es geht um Lohn, es geht um Geld. Der Weinbergbesitzer ist gut, das heißt gütig und freigebig. Er will den Leuten, die nur eine Stunde gearbeitet haben, den vollen Tageslohn ausbezahlen. Der Ganztagsarbeiter kommt sich geprellt vor; wo es um Geld geht, versteht er keinen Spaß. Es mischt sich bald einmal Neid, Habgier, Engherzigkeit, Gerechtigkeitswahn ein. In der damaligen Sprache sagte man: Er hat ein böses Auge, das heißt, er ist mißgünstig, geizig, argwöhnisch. Dem steht das „gute" oder hier im Text der Bergpredigt das „einfache", „lautere" Auge gegenüber. Damit ist der neidlose, arglose, der freigebige, offene und gerade Mensch gemeint. So gesehen, würde das Wort Mt 6,22—23 in der Aussage gipfeln: Wenn du, besonders was Geld und Besitz anbelangt, nicht freigebig und lauter bist, bist du als ganzer Mensch finster und tot.

Auch hier: Eine deutliche Warnung vor Reichtum und Besitz.

Der Mammonsdienst

Auch das dritte Wort ist in seinem Aufbau und in seinem Gehalt klar.

Niemand kann zwei Herren dienen.

Entweder wird er den einen hassen und den andern lieben,

oder er wird zu dem einen halten und den andern verachten.

Ihr könnt nicht Gott dienen und dem Mammon.

Die Erfahrung lehrt es: Wer zwei Herren dienen will, wird unweigerlich in schreckliche Konflikte geraten. Wer diese beiden Herren sind, wird im letzten Satz deutlich gesagt: Gott und der Mammon. „Mammon" ist ein aramäisches Wort und bedeutet „Besitz" oder auch „Geld"; der Spruch muß ursprünglich also in aramäischer Sprache formuliert worden sein. Interessant, daß das Wort „Mammon" nicht ins Griechische übersetzt worden ist. Auch die meisten deutschen Übersetzungen behalten das aramäische Wort bei und übersetzen nicht mit „Besitz" oder „Geld". Es sieht dann so aus, als ob „Mammon" der Name einer Gottheit wäre. Und so wird es ja auch gemeint sein. Geld und Besitz werden als Götzen entlarvt, und der Mensch, der dem Geld dient, ist ein Götzendiener. Hier fällt wohl die allerschärfste Kritik am Besitz, und es hat wenig Sinn, die Aussage so oder anders abschwächen zu wollen. Es geht auch nicht an zu sagen: „Gegen redlich verdientes Geld ist nichts einzuwenden; wichtig ist, daß ich dem Mammon nicht wie einem Götzen diene." Eine solche Unterscheidung gibt es im Text nicht; ganz abgesehen davon, daß eine solche Unterscheidung nicht realistisch ist. Wer Schätze sammelt, ist ein Götzendiener. Und von diesen Götzen wird nur der befreit, der Schätze sammelt „im Himmel", das heißt, wer Besitz und Geld an die Armen verteilt, wie Jesus dem reichen Mann rät (Mt 19,21). Etwas anderes ist pure Selbsttäuschung.

Die Warnung vor dem Mammon und die Entlarvung des Geldes als Götze ist tief in der urchristlichen Predigt verankert. So lesen wir im Brief an die Kolosser (3,5):

Darum tötet alles, was an euch noch irdisch ist: Unzucht, Zügellosigkeit, Leidenschaften, Begierden und Habsucht. Habsucht ist soviel wie Götzendienst.

Ähnlich steht es auch im Brief an die Epheser (5,5):

Wer Unzucht treibt, ein ausschweifendes Leben führt oder von Habgier erfüllt ist — und Habgier ist Götzendienst —, für den ist kein Platz in der neuen Welt, in der Christus zusammen mit Gott herrschen wird.

Uns sollte das eigentlich nicht so fremd sein. Schon rein optisch ist es doch auffallend: Vor hundert Jahren noch war der schönste und größte Bau in einem Dorf oder in einem Stadtviertel die Kirche. Heute ist es anders. Die weitaus prunkvollsten und herrlichsten Bauten beherbergen Banken. Und in ihnen kommt man sich vor wie in einem Gotteshaus, wie in einem modernen Tempel. Es wäre zu einfach, dafür die Bankdirektoren und -angestellten verantwortlich zu machen. Unsere modernen Bauten sind Abbilder unserer modernen Gesellschaft; sie zeigen, wo und wie die Menschen die Akzente setzen; sie zeigen an, worauf unser Herz gänzlich traut.

Diese letzte Wendung habe ich bei Martin Luther, in seinem Großen Katechismus, gefunden. Dort sagt er: „Einen Gott haben heißt, etwas haben, darauf das Herz gänzlich traut." Sind unsere Banken, damit aber auch alles, was damit zusammenhängt — das Geld, die Kreditkarten, die Zinsen, die Investitionen usw. —, sind sie nicht das, worauf unser Herz gänzlich traut?

Jesus hat das Geld als Götzen entlarvt. Eigenart der Götzen ist es, den Menschen den Tod zu bringen. Auch diese Tatsache könnte leicht belegt werden (Hunger, Kriege usw.). [Der Todesmacht des Mammons können wir nur dadurch entgegentreten, daß wir Besitz und Geld an die Armen verteilen. Oder moderner ausgedrückt: Daß wir all unsere Energie einsetzen für eine gerechtere Gesellschaft.]

Und damit wären wir wieder bei der „größeren Gerechtigkeit", von der in der Bergpredigt die Rede ist. Sie allein kann uns vor dem Tod bewahren und zum Leben verhelfen.

XVIII. SORGT NICHT

Darum sage ich euch: Sorgt euch nicht um euer Leben und darum, daß ihr etwas zu essen habt, noch um euren Leib und darum, daß ihr etwas anzuziehen habt. Ist nicht das Leben wichtiger als die Nahrung und der Leib wichtiger als die Kleidung? Seht euch die Vögel des Himmels an: Sie säen nicht, sie ernten nicht und sammeln keine Vorräte in die Scheunen; euer himmlischer Vater ernährt sie. Seid ihr nicht viel mehr wert als sie? Wer von euch kann mit all seiner Sorge sein Leben auch nur um eine kleine Zeitspanne verlängern? Und was sorgt ihr euch um eure Kleidung? Lernt von den Lilien, die auf dem Feld wachsen: Sie arbeiten nicht und spinnen nicht. Doch ich sage euch: Selbst Salomo war in all seiner Pracht nicht gekleidet wie eine von ihnen. Wenn aber Gott schon das Gras so prächtig kleidet, das heute auf dem Feld steht und morgen ins Feuer geworfen wird, wieviel mehr dann euch, ihr Kleingläubigen! Macht euch also keine Sorgen und fragt nicht: Was sollen wir essen? Was sollen wir trinken? Was sollen wir anziehen? Denn um all das geht es den Heiden. Euer himmlischer Vater weiß, daß ihr das alles braucht. Sucht zuerst das Reich Gottes und seine Gerechtigkeit; dann wird euch alles andere dazugegeben. Sorgt euch also nicht um morgen; denn der morgige Tag wird für sich selbst sorgen. Jeder Tag hat genug eigene Plage (Mt 6,25—34).

Selten dürfte ein Wort aus der Bergpredigt so mißdeutet und so mißbraucht worden sein wie das von den Vögeln des Himmels und von den Lilien des Feldes.

Zum Teil ist es falsche Romantik, die mit im Spiel ist; vielleicht ist es aber auch die besondere Unzumutbarkeit, die uns aus dem Text entgegenweht. Auf alle Fälle haben wir allen Grund, mit dem Abschnitt besonders sorgfältig umzugehen.

Ein einziger Text in vielfältiger Anwendung

Den Text finden wir auch im Lukasevangelium, allerdings nicht in der Feldrede, sondern in anderem Zusammenhang (12,22—31). Dabei kommen sich Matthäus und Lukas so nahe, daß sich die Forscher darin einig sind, daß beide Evangelisten den Text aus der beiden gemeinsamen Quelle Q geschöpft haben müssen. Die Unterschiede im Wortlaut sind nicht sehr groß, und abgesehen von einem für Matthäus typischen Ausdruck fallen sie inhaltlich kaum ins Gewicht.

Können wir damit auch schon sagen, der Text gehe auf Jesus selbst zurück? Im Grundbestand sicher; es besteht kein Grund, diesen Text Jesus abzusprechen.

Dabei sollte man nun freilich nicht den Fehler begehen und den Text für alle Orte und alle Zeiten gleichmäßig anwenden. Es ist ein Unterschied, ob Jesus diesen Text zu seinen Jüngerinnen und Jüngern gesprochen hat, die alles verlassen haben und ihm nachgefolgt sind, *oder* ob der Text von jenen Leuten weitergetragen wurde, die nach Jesu Tod in der palästinischen Missions- und Predigttätigkeit standen, als sich die politische Lage zwischen Juden und Römern bereits zuspitzte, *oder* ob die Worte an eine christliche Gemeinde in Syrien gesprochen wurden, also nicht zu wandernden Predigern, sondern zu ganz normalen, seßhaften Christen. Matthäus allerdings wollte die Aussagen Jesu nicht auf eine bestimmte Zuhörerschaft gemünzt wissen, er mutete sie allen seinen Lesern zu.

Ungereimt und unzumutbar

Um den Text einigermaßen zu verstehen und ihn nicht zu schnell zu vereinnahmen, ist es wichtig, daß wir uns der Härten, die darin vorkommen, bewußt werden. Hier nur einige wenige Hinweise.

1. Die Aufforderung *sorgt nicht um euer Leben . . .!*, und zwar als absolutes Verbot formuliert, ist schier unerträglich, wenn man bedenkt, daß die Leute, für die dieses Gebot gilt, kaum etwas zu beißen hatten. Erst recht ist ein solches Verbot für einen damaligen Familienvater unmöglich, hat er doch die *Pflicht*, für seine Familie zu sorgen: daß sie nicht verhungert, daß sie sich nicht verschuldet und so ihr Los noch viel härter wird. Steht die Sorge um das eigene Überleben und um das Überleben der Familie nicht an erster und wichtigster Stelle? Man soll sich nicht dadurch herausreden, daß man sagt, Jesus verbiete nur das übermäßige Sichsorgen. So etwas steht nicht im Text. Jesus sagt: *Sorgt euch nicht . . .!* Wahrscheinlich müssen wir auch diesen Text — wie die meisten anderen der Bergpredigt — als Provokation verstehen: Er soll uns aufschrecken und uns klarmachen, was es geschlagen hat.

2. Wie gesagt, wirkt das Verbot, sich zu sorgen, für seßhafte Christen besonders unmöglich. Dazu kommt aber noch, daß es in krassem Widerspruch steht zu den Gebetsanweisungen der Bergpredigt. Dort hieß es:

Du aber, wenn du betest, geh in deine Kammer und schließ die Tür zu und bete zu deinem Vater im Verborgenen . . . (Mt 6,6).

Wir haben gesehen, daß es sich bei dieser Kammer um die Vorratskammer handelt, in die sich der Beter, die Beterin zurückziehen soll. Setzt dann aber Jesus nicht ganz selbstverständlich voraus, daß die Leute sich um ihr Leben sorgen, wenn sie Vorratskammern haben und sie mit Öl, Wein und Getreide füllen? Und überhaupt: Entspricht es nicht der göttlichen Ordnung, daß ich die Ernte nicht verderben lasse, sondern sie aufhebe für jene Wochen und Monate, in welchen auf den Feldern nichts wächst?

3. Auch der Hinweis auf die Vögel und auf die Lilien stimmt nicht so ganz. *Sie säen nicht, sie ernten nicht und sammeln nicht in die Scheunen, und euer himmlischer Vater ernährt sie.* Mag sein, daß die Vögel nicht säen; aber ernten tun sie schon. Scheunen haben sie zwar nicht, aber sind ihre Nester nicht wahre Kunstwerke, und zeugen sie nicht von der Sorge für den morgigen Tag? Und was das Ernähren durch den himmlischen Vater angeht: Wie viele Vögel sind im Winter schon verhungert oder durch Unwetter umgekommen — sicher auch in Palästina. Gleiches oder Ähnliches ließe sich von den Lilien und von anderen Blumen sagen.

4. Und ein Letztes. Es gibt in der Tat Leute, die sich nicht sorgen. Sie werden aber in seltensten Fällen vom himmlischen Vater ernährt, sondern von der Öffentlichen Hand. Sogenannte Sozialfälle sind das, für die sich ja dann doch wieder der einfache Arbeiter abrackern muß. Wenn ich mich um mein Leben sorge, dann tue ich es nicht nur für mich. Die Krankenkasse, die Pensionskasse, die Alters- und Hinterbliebenenversicherung: das sind doch weise Einrichtungen, die mich davor bewahren, daß ich im Fall von Krankheit oder Unfall oder Alter andern zur Last falle. Für unser Sozialsystem ist das so wichtig, daß die genannten Versicherungen in manchen modernen Staaten obligatorisch sind.

Der Schlüssel zum Text: Das Reich Gottes und seine Gerechtigkeit

Wie wir sehen, weist der Text zu viele Ungereimtheiten auf, als daß wir ihn „einfach so" übernehmen könnten.

Besser wird sein, wenn wir auch diesem Text eine gewisse prophetische Kompetenz zuerkennen und ihn von der Herrschaft Gottes her betrachten. Von der Herrschaft oder vom Reich Gottes ist denn auch auf dem Höhepunkt des Textes die Rede: Sorgt euch nicht um euer Leben, um Nahrung und Kleidung; sucht vielmehr das Reich Gottes und seine Gerechtigkeit ...

Das Reich Gottes und seine Gerechtigkeit — das sind gewissermaßen die Schlüsselbegriffe für unseren Text, das heißt, der Text stimmt erst dann, wenn wir von diesen beiden Größen, dem Reich Gottes und seiner Gerechtigkeit, ausgehen. Solange wir das nicht tun, werden wir den Text nicht oder dann eben falsch verstehen. Für diejenigen, die es mit Jesus zu tun haben wollen, gibt es nur eine Sorge: Das Reich Gottes und seine Gerechtigkeit. Und nur wenn sie von dieser Sorge ganz erfüllt sind, werden sie feststellen, daß Nahrung und Kleidung und alles andere höchstens zweitrangig ist oder fast ganz aus dem Blickfeld verschwindet. Nur für diejenigen, die sich vom Reich Gottes und seiner Gerechtigkeit ergreifen lassen, ist ein Blick auf die Vögel des Himmels und auf die Lilien des Feldes sinnvoll und bedeutsam. Mit der Sorglosigkeit allein ist es nicht getan. Mit einem alternativen Lebensstil allein ist es nicht getan. Nur wenn die Sorglosigkeit und der alternative Lebensstil Hand in Hand gehen mit der einen großen Suche nach dem Reich Gottes und seiner Gerechtigkeit, sind sie echt und haben auch die Chance, die Welt zu verändern.

Kommen wir noch einmal zurück zu Matthäus. In diesem wichtigsten Satz unseres Abschnittes hat er am Text, wie er ihn in seiner Vorlage gefunden hat, zwei entscheidende Änderungen angebracht.

Zum einen sagt er: *Sucht zuerst das Reich Gottes und seine Gerechtigkeit* ... In der „Quelle" hieß es: *Sucht das Reich* ..., als ob jedes andere Suchen ausgeschlossen wäre. Matthäus, der mit seinem Wort alle Christen erreichen wollte, war realistisch genug zu wissen, daß er die vielfältigen Sorgen, mit denen sich Christen plagten und auch plagen mußten, nicht einfach aus der Welt schaffen konnte. So kam es ihm vor allem auf die Prioritäten an: Wer die Suche nach dem Reich Gottes und seiner Gerechtigkeit an die erste Stelle setzt *(zuerst)*, wird sich um alles andere, um Nahrung und Kleidung, nicht mehr groß zu bekümmern brauchen.

Die zweite Änderung, die Matthäus an der Vorlage vornimmt, ist die, daß er sagt: *Sucht zuerst das Reich Gottes und seine Gerechtigkeit* . . . Mit *Gerechtigkeit* — ein Lieblingswort des Matthäus — meint der Evangelist die konkrete, lebenswirkliche Entsprechung zum Reich Gottes, die Antwort auf den Ruf der Herrschaft Gottes. Für Matthäus ist Reich Gottes nicht eine Philosophie, nicht eine schöne Idee. Für ihn muß das Reich Gottes, damit es wirklich Reich Gottes ist, konkret gelebt werden. Und dieses Konkretwerden in allen Bereichen des Lebens ist für Matthäus die Gerechtigkeit.

Aus diesen zwei Veränderungen erkennen wir gut die praktische, seelsorgliche Ader des Evangelisten.

Ein Wort mit politischer Sprengkraft

Dann müssen wir uns aber um so mehr fragen, wie denn unser Abschnitt aus der Bergpredigt *für uns heute* bedeutsam werden könnte.

Bewußt spreche ich in diesem Zusammenhang politische Probleme an. Immer wieder wird der Eindruck erweckt, mit den „Vögeln des Himmels" und mit den „Lilien des Feldes" lasse sich keine Politik machen. Aus dem Vorausgehenden dürfte klargeworden sein, daß die Suche nach dem Reich Gottes und seiner Gerechtigkeit sehr wohl etwas mit Politik zu tun hat. Es kann nie genug betont werden, daß „Reich Gottes" ein herrschaftskritisches Potential aufweist, das notgedrungen mit den Mächtigen dieser Welt in Konflikt gerät. Wo Reich Gottes, Herrschaft Gottes zum Zuge kommt, haben die Mächtigen ausgespielt, jene Mächtigen, die ihre Macht durch Spekulationen mit den Sorgen um Nahrung und Kleidung, Komfort und Luxus aufbauen und aufrechterhalten. Denn wo es um die Herrschaft Gottes geht, stehen eben nicht mehr die Steigerung des Bruttosozialproduktes, die Expansion der Wirtschaft, die Gewinnmaximierung und die Sicherheit an der ersten Stelle des Sorgens. Wo Herrschaft Gottes im Spiele ist, da steht an erster Stelle die Sorge um die Behinderten und Rechtlosen, um die Armen und Hungernden, um die Flüchtlinge und Asylanten. Wenn wir Schweizer in den letzten Jahren *zuerst* das Reich Gottes und seine Gerechtigkeit gesucht hätten, hätten verschiedene Initiativen bei uns mehr Chancen gehabt: die Mitenand-Initiative, die Mutterschafts-Initiative, die Zivildienst-Initiative. Wenn wir Schweizer in den letzten Jahren *zuerst* das Reich Gottes und seine Gerechtigkeit gesucht hätten, wären wir in manchen Entscheidungen und Realisierungen mutiger gewesen, man denke nur an den UNO-Beitritt, an die Umweltprobleme, an die Entwicklungshilfe mit ihren politischen Implikationen (Nicaragua!), an die Probleme der Energieversorgung (Atomkraftwerke!) usw. Gewiß darf „christliche Politik" weder schlagwortartig noch naiv sein; auch darf nicht übersehen werden, daß uns Schweizern ein großzügiger Umgang mit Asylanten enorme Probleme ins Haus bringt (Überbevölkerung, Arbeitsbeschaffung, Wohnungsbau, Schule und Bildung, Integration, Wahrung der Eigenständigkeit usw.). Aber wenn wir für diese Probleme auch nur die Hälfte jener Sorgen und Mühen aufbrächten, die wir täglich an unser eigenes Essen und Trinken wenden, an unsere Kleidung und an unsere komfortable Zweitwohnung, an unseren Wagen und

an unsere Karriere — ich bin überzeugt, daß all diese
Probleme im Glauben an die Herrschaft Gottes und im
Ringen um Gerechtigkeit einer gangbaren Lösung zuge-
führt werden könnten. Denn was uns Jesus sagen will,
ist doch dies: Wo immer ihr euch einsetzt für Frieden
und Gerechtigkeit für alle, da bin ich bei euch — bedin-
gungslos und mit allen Fasern meines Lebens. Ihr seid
zu mehr berechtigt, als ihr euch errechnen könnt. Sucht
zuerst das Reich Gottes und seine Gerechtigkeit, und
ihr werdet staunen, wieviel Glück in eurem Leben und
auf eurer Welt Platz haben kann.

XIX. RICHTET NICHT

*Richtet nicht, damit ihr nicht gerichtet werdet! Denn
wie ihr richtet, so werdet ihr gerichtet werden, und
nach dem Maß, mit dem ihr meßt und zuteilt, wird
euch zugeteilt werden. Warum siehst du den Splitter
im Auge deines Bruders, aber den Balken in deinem
Auge bemerkst du nicht? Wie kannst du zu deinem
Bruder sagen: Laß mich den Splitter aus deinem Auge
herausziehen! — und dabei steckt in deinem Auge ein
Balken? Du Heuchler! Zieh zuerst den Balken aus deinem Auge, dann kannst du versuchen, den Splitter aus
dem Auge deines Bruders herauszuziehen.*
*Gebt das Heilige nicht den Hunden, und werft eure
Perlen nicht den Schweinen vor, denn sie könnten sie
mit ihren Füßen zertreten und sich umwenden und
euch zerreißen.*
*Bittet, dann wird euch gegeben; sucht, dann werdet ihr
finden; klopft an, dann wird euch geöffnet. Denn wer
bittet, der empfängt; wer sucht, der findet; und wer an-
klopft, dem wird geöffnet. Oder ist einer unter euch,
der seinem Sohn einen Stein gibt, wenn er um Brot bittet, oder eine Schlange, wenn er um einen Fisch bittet?
Wenn nun schon ihr, die ihr böse seid, euren Kindern
gebt, was gut ist, wieviel mehr wird euer Vater im
Himmel denen Gutes geben, die ihn bitten.*
*Alles nun, was ihr wollt, daß euch die Leute tun, das
sollt auch ihr ihnen tun; denn das ist das Gesetz und
die Propheten* (Mt 7,1—12).

Ein Blick auf die Auslegungsgeschichte des Wortes
vom Richten (Mt 7,1—5) zeigt gut, wie man im Laufe

der Zeit immer wieder versuchte, sich um den Anspruch der Bergpredigt herumzudrücken. Ist unser Abschnitt nicht ein glänzendes Beispiel dafür, daß die
Bergpredigt voller Übertreibungen ist? Ein Balken im
Auge! — Muß es nicht Richter geben, solange es Menschen gibt? Warum dann der Aufruf: *Richtet nicht!*?
Sollen die Christen die Rechtsprechung den Nichtchristen überlassen? Muß man sich nicht aus der Welt zurückziehen, wenn man dieser Aufforderung nachkom-
men will?

Ein dritter Weg?

Die soeben gestellten Fragen können an jeden anderen
Text der Bergpredigt gerichtet werden. Die Folge: Die
einen sagen: Mit der Bergpredigt läßt sich in unserer
Gesellschaft nicht vernünftig leben, auf alle Fälle nicht
Politik machen; die Forderungen der Bergpredigt sind
nicht „praktikabel". Und sie lassen die Bergpredigt bei-
seite und fügen sich ein in die tödlichen Mechanismen
der Gesellschaft. Andere sagen: Wenn wir der Bergpredigt wirklich treu bleiben wollen, dürfen wir mit der
Welt und der Gesellschaft nichts zu tun haben. Wahres
Christsein läßt sich in unserer Gesellschaft nicht verwirklichen. So retten sie wohl die Bergpredigt, nicht
aber die Welt. Am meisten überwiegen in der Geschichte aber jene Versuche, die den Anwendungsbereich der
Bergpredigt in den privaten Alltag oder in die Gesinnung verlegen. Natürlich können wir die Gerichte nicht
abschaffen, und wir sollen das Richteramt auch nicht
einfach den „Heiden" überlassen. Darum geht es auch
nicht. Wichtig ist, daß wir in unserem persönlichen Alltag nicht über die Mitmenschen herfallen, sie nicht vor-
eilig verurteilen, nicht lieblos über sie reden. Wichtig
ist, daß das Maß unseres Richtens die Liebe ist; steht
nicht das Gebot der Liebe im Zentrum der Bergpredigt?

So gut dieser „dritte Weg" auch gemeint ist, die Frage muß doch gestellt werden, ob eine solche Deutung der Absicht der Bergpredigt entspricht. Sicher ist, daß diese Deutung zum vornherein einen ganzen Bereich, nämlich den öffentlichen, politischen, gesellschaftlichen aus der Forderung unseres Textes ausklammert. Ist das zulässig?

Ein Text wie jeder andere

Nehmen wir den Text etwas näher unter die Lupe, so stellen wir fest, daß er von anderen Texten der Bergpredigt nicht wesentlich verschieden ist. So wie es in den Antithesen zum Beispiel heißt: *Ihr sollt überhaupt nicht schwören!* oder: *Widersteht dem Bösen nicht!* oder: *Liebt eure Feinde!*, so heißt es jetzt auch hier — und zwar ohne jede Einschränkung —: *Richtet nicht ...!*

Auch die Übertreibungen, die in unserem Text vorkommen, sind nicht etwas Neues. Wenn die Linke nicht wissen soll, was die Rechte tut, ist das eine Übertreibung, und wenn jemand aufgefordert wird, das eigene Auge auszureißen und von sich zu werfen, wenn es ihn zur Sünde reizt, ist das auch eine Übertreibung. Nur werden wir solchen Übertreibungen kaum gerecht, wenn wir sie einfach ausklammern. Das hieße das Kind mit dem Bade ausschütten.

Überhaupt hat man festgestellt, daß unser Text, gerade auch mit seinen Übertreibungen, gut in die Sprechweise der damaligen Zeit hineinpaßt. Das hat manchen dazu veranlaßt, diese Sätze dem Mann aus Nazaret abzusprechen und anzunehmen, sie seien aus der jüdischen Umwelt ins Neue Testament eingegangen. Aber warum sollte Jesus nicht sprechen können wie seine Mitmenschen und seine Kollegen, die Pharisäer?

Der besondere Zusammenhang

Schon des öfteren haben wir darauf hingewiesen, daß wir die Bergpredigt im Zusammenhang der Herrschaft Gottes lesen und verstehen sollten, so wie Jesus sie verkündet und gelebt hat. Und ebenso eindringlich haben wir betont, daß Herrschaft Gottes nicht einfach in die „Seele" oder in die „Innerlichkeit" des Menschen verlegt werden darf, sondern eine eminent politische bzw. gesellschaftliche Dimension hat. So auch hier: Wenn wir wirklich glauben, daß die Herrschaft Gottes kommt, dann haben alle andern Herren und Herrschaften ausgespielt, dann hat auch unser Herrsein aufzuhören; dann soll auch unser Richten über Menschen ein Ende haben. Die Forderung, nicht zu richten, liegt im Grunde genommen in der nötigen Konsequenz des Anbruchs der Herrschaft Gottes. Wenn Gott das Ruder in die Hand nimmt, soll sich niemand dadurch als sein Konkurrent aufspielen, daß er über andere richtet.

Und wenn jemand meint, über andere richten zu können, wo doch das Reich Gottes angebrochen ist, muß er sich sagen lassen, daß er selbst ins Gericht läuft, hat er doch nicht nur einen Splitter, sondern einen Balken im Auge. Das Kommen der Herrschaft Gottes entlarvt jeden, der richtet, selbst als Verurteilten, so wie es jeden, der zornig ist, als Mörder, und jeden, der seine Frau fortschickt, als Ehebrecher, und jeden, der schwört, als Meineidigen entlarvt.

Der Text bietet keine Veranlassung, den Geltungsbereich der Forderung Jesu auf den persönlichen Alltag einzugrenzen. Jesu Vision vom neuen Menschen beschränkt sich nicht auf das Individuum, sondern meint die ganze Gesellschaft und weist so auf den Kontrast, der zwischen Christentum und weltlichen Strukturen klafft. Praktikabel? Nicht praktikabel? Vielleicht gilt auch für diese Forderung, daß wir uns nur in Form von kleinen Schritten auf sie einlassen können. Kleine Schritte bedeuten aber nicht privates Strampeln. Unter dem Licht der Forderung Jesu wäre zum Beispiel einmal unser Strafvollzug zu bedenken ...

Ermutigung zum Gebet

Zwei Worte aus der Bergpredigt wollen wir hier überspringen. Nicht weil sie nicht wichtig wären; nichts in der Bergpredigt ist unwichtig. Das erste Wort: *Gebt das Heilige nicht den Hunden* ... ist so schwierig, daß sich die Forscher über eine eindeutige Interpretation (noch) nicht einigen konnten. Vielleicht ist es für den Leser und die Leserin auch ganz gut zu wissen, daß es in der Bibel ab und zu Texte gibt, die einfach nicht mehr zu erhellen sind ... Das zweite: *Bittet, dann wird euch gegeben* ... ist hinwiederum so einleuchtend, daß es kaum einer Erklärung bedarf. Nur auf zwei Dinge möchte ich aufmerksam machen.

1. Man sollte Beten und Tun nicht auseinanderdividieren und gegeneinander ausspielen. Das Gebet ersetzt die christliche Praxis, das Eintreten für Gerechtigkeit, nicht. Und umgekehrt: Eine christliche Praxis wird hohl, wenn sie nicht immer wieder eingebunden wird ins Gebet zu Gott, der unser Vater und unsere Mutter ist.

2. Auch wenn wir der Erhörung unseres Gebetes sicher sein dürfen, sollte uns das doch nicht dazu (ver-)führen, auf das Gebet zu verzichten. Im Gegenteil: *Weil* wir der Erhörung gewiß sein dürfen, ist es uns auch möglich, immer wieder zu beten.

Die Goldene Regel

Der Hauptteil der Bergpredigt wird durch die sogenannte Goldene Regel abgeschlossen. Die Goldene Regel ist nicht eine Erfindung Jesu; sie war damals weltweit verbreitet, und zwar sowohl in der negativen wie auch in der positiven Fassung. Die negative lautet so: „Was du nicht willst, das man dir tu, das füg auch keinem andern zu."

Die positive steht in der Bergpredigt des Matthäus und in leicht veränderter Form in der Feldrede des Lukas (6,31):

Alles, was ihr wollt, daß euch die Leute tun, das sollt auch ihr ihnen tun.

Das Besondere in der Bergpredigt ist dies, daß 1. die Goldene Regel, am Schluß des Hauptteils stehend, das Vorausgehende gewissermaßen zusammenfaßt und daß 2. Matthäus — typisch für ihn — hinzufügt: . . . *denn dies ist das Gesetz und die Propheten* (vgl. auch Mt 22,40).

Die Goldene Regel will all das Vorausgehende nicht ausnivellieren oder gar zurückbuchstabieren. Das könnte ja geschehen, wenn die Goldene Regel für sich betrachtet wird. Ein „berechnendes Element" ist nicht auszuschließen: Wenn ich will, daß mir die anderen etwas Gutes tun, setze ich mich für sie ein. Wenn ich jetzt aber gerade der Hilfe der anderen nicht bedarf, laß' ich es bleiben. Dem Wort fehlt so etwas von der Spontaneität, die für die Liebe entscheidend und zentral ist.

Vergessen wir nicht: In der „Quelle", aus der Matthäus und Lukas das Wort entnehmen, stand die Goldene Regel im Anschluß an das Gebot der Feindesliebe. Und Matthäus rundet mit der Goldenen Regel den Hauptteil der Bergpredigt ab. Die Goldene Regel als Weisheitsspruch entschärft zwar etwas die angespannte Stimmung angesichts des unmittelbar bevorstehenden Einbruchs der Herrschaft Gottes. Andererseits muß jetzt aber die Goldene Regel auch von der ganzen Dynamik der Bergpredigt her interpretiert werden: *Alles,* ohne irgendwelche Abstriche, was die Liebe und die

„größere Gerechtigkeit" fordern, sollen wir anderen Menschen tun. Matthäus meint: Das ist nichts Neues; das ist das Gesetz und die Propheten, die Jesus nicht aufgelöst, sondern erfüllt hat (5,17). Es ist das Gebot Jesu, das den Menschen zu „größerer Gerechtigkeit" befreit.

XX. DIE WORTE HÖREN
UND BEFOLGEN

¹³ *Geht durch das enge Tor! Denn das Tor ist weit, das ins Verderben führt, und der Weg dahin ist breit, und viele gehen auf ihm.* ¹⁴ *Aber das Tor, das zum Leben führt, ist eng, und der Weg dahin ist beschwerlich, und nur wenige finden ihn.*

¹⁵ *Hütet euch vor falschen Propheten; sie kommen zu euch wie Schafe, in Wirklichkeit aber sind sie reißende Wölfe.* ¹⁶ *An ihren Früchten werdet ihr sie erkennen. Erntet man etwa von Dornen Trauben oder von Disteln Feigen?* ¹⁷ *Jeder gute Baum bringt gute Früchte hervor, ein schlechter Baum aber schlechte.* ¹⁸ *Ein guter Baum kann keine schlechten Früchte hervorbringen und ein schlechter Baum keine guten.* ¹⁹ *Jeder Baum, der keine guten Früchte hervorbringt, wird umgehauen und ins Feuer geworfen.* ²⁰ *An ihren Früchten also werdet ihr sie erkennen.*

²¹ *Nicht jeder, der zu mir sagt: Herr! Herr!, wird in das Himmelreich kommen, sondern nur, wer den Willen meines Vaters im Himmel erfüllt.* ²² *Viele werden an jenem Tag zu mir sagen: Herr, Herr, sind wir nicht in deinem Namen als Propheten aufgetreten, und haben wir nicht in deinem Namen Dämonen ausgetrieben und in deinem Namen viele Wunder vollbracht?* ²³ *Dann werde ich ihnen antworten: Ich kenne euch nicht. Weg von mir, ihr Übertreter des Gesetzes!*

²⁴ *Wer diese meine Worte hört und danach handelt, ist wie ein kluger Mann, der sein Haus auf Fels baute.* ²⁵ *Als nun ein Wolkenbruch kam und die Wassermassen heranfluteten, als die Stürme tobten und an dem*

Haus rüttelten, da stürzte es nicht ein; denn es war auf Fels gebaut. [26] *Wer aber meine Worte hört und nicht danach handelt, ist wie ein unvernünftiger Mann, der sein Haus auf Sand baute.* [27] *Als nun ein Wolkenbruch kam und die Wassermassen heranfluteten, als die Stürme tobten und an dem Haus rüttelten, da stürzte es ein und wurde völlig zerstört* (Mt 7,13—27).

Nachdem die Goldene Regel den Hauptteil der Bergpredigt abgeschlossen hat, folgt jetzt noch eine Reihe von abschließenden Mahnungen. Der Ausdruck, der in diesem Abschlußwort am häufigsten (neunmal!) anzutreffen ist, ist das Tätigkeitswort *tun*. Damit ist wohl auch schon das Thema der Schlußmahnungen gegeben: Es geht um die christliche Praxis.

Geht durch das enge Tor!

Woher der erste kleine Abschnitt (7,13—14) stammt, ist kaum mehr auszumachen. Zwar scheint das Bild recht logisch aufgebaut zu sein, doch gibt es auch Härten, und zwar dadurch, daß hier Tor und Weg nebeneinanderstehen. Das Bild von den beiden Wegen ist in der alttestamentlich-jüdischen Tradition häufig anzutreffen, seltener das Bild von den beiden Toren. Möglich, daß zuerst nur von den beiden Toren die Rede war, daß dann aber das bekanntere Bild von den Wegen später hinzugefügt worden ist.

Das ist aber nicht so wichtig. Was immer Matthäus für einen Text vorgefunden hat, die Deutung im jetzigen Zusammenhang dürfte nicht allzu schwierig sein. Das Praktizieren der Bergpredigt ist kein Honigschlekken. Der Weg ist eng und mühsam und beschwerlich. Menschen, die sich auf die Bergpredigt einlassen, müssen diese Erfahrung machen. Und sie können sich sehr einsam vorkommen, weil dieser Weg nicht von großen Scharen benutzt wird. Aber am Ende dieses Weges steht das Tor, das zum Leben führt. Umgekehrt muß man den Eindruck haben, daß die große Masse den bequemen breiten Weg geht. Es sind die Anpasser, diejenigen, die sich den Mechanismen und Strukturen dieser Welt und unserer Gesellschaft einfügen. Es ist ein Weg, der ins Verderben, in den Tod führt.

Im Laufe der Lektüre der Bergpredigt haben wir immer wieder feststellen müssen, daß die Strukturen, in denen wir leben, tödlich sind: Zorn, Ehebruch, Ehescheidung, Lüge, Gewalt — unsere Erfahrung selbst zeigt es deutlich genug: Am Ende von all dem steht der Tod. Sich auf die Visionen und Forderungen der Bergpredigt einzulassen ist also nicht ein Luxus, ein wohlgemeinter Rat, etwas, was zu unserem Christsein je nach Geschmack auch noch hinzukommt. Die Bergpredigt ist die *einzige Alternative,* die den todbringenden Tendenzen in unserem Leben und in unserer Gesellschaft entgegengesetzt werden kann. Wir haben zu wählen zwischen Leben und Tod. Ein Drittes gibt es nicht.

Es wäre ein Irrtum, die Leute, die auf dem mühsamen Weg gehen, mit den Christen, und jene, die auf dem breiten Weg zum Verderben marschieren, mit den Nichtchristen gleichzusetzen. Matthäus spricht zu Christen: Viele sind es, die den breiten Weg zum Verderben gehen, und nur wenige, die sich auf den mühsamen Weg zum Leben machen, so wie Matthäus anderswo sagt, daß viele berufen, aber nur wenige auserwählt seien (22,14). Matthäus sieht die christlichen Gemeinden mit sehr realistischen Augen. Die Kirche ist nicht das Reich Gottes, sie ist auch nicht die Gemeinschaft der Heiligen. Auf dem Acker gibt es viel Unkraut (13,24—30.36—43), im Netz, das ans Land gezogen wird, gibt es gute und schlechte Fische (13,47—50), am königlichen Hochzeitsmahl nehmen Leute teil, die kein hochzeitliches Gewand tragen (22,11—14), und die Lieblingsbezeichnung des Matthäus für die Jünger bzw. für die christlichen Gemeinden ist „Kleingläubige" (6,30; 8,26; 14,31; 16,8). Darum legt Matthäus Wert darauf, die Jünger nicht nur in der Nachfolge Jesu zu zeichnen, sondern sie auch unter das Gericht des Menschensohnes zu stellen. Den Tenor des Gerichts haben auch die Schlußmahnungen der Bergpredigt.⌉

Hütet euch vor falschen Propheten!

Der Abschnitt 7,15—23 kann als eine Einheit angesehen werden. Auch hier ist der Gerichtscharakter unübersehbar. Das erstaunt nicht, ist doch auch hier die gestalterische Kraft des Evangelisten Matthäus auf Schritt und Tritt festzustellen, wenn er auch die einzelnen Stücke mit großer Wahrscheinlichkeit wieder der „Quelle" entnommen hat (vgl. Lk 6,43—46 und 13,26—27). Der Baum, der keine genießbaren Früchte bringt, wird umgehauen und ins Feuer geworfen, so heißt es im Bild. Und im Klartext: Die falschen Propheten werden (im Endgericht) abgewiesen: *Ich kenne euch nicht.*

Wer ist mit diesen falschen Propheten gemeint? Von den Exegeten werden verschiedene Vorschläge gemacht: Pharisäer, strenge Judenchristen, Essener, Zeloten... Mehr und mehr verdichtet sich der Verdacht, es könnte sich um griechisch gebildete Judenchristen handeln, die das Gesetz des Mose außer Kraft gesetzt haben, und nicht auszuschließen ist, daß sie sich dabei (fälschlicherweise?) auf Paulus berufen haben. Wie immer dem sei: Der Text gibt selber manches her, wodurch diese falschen Propheten charakterisiert werden können.

1. Sicher gaben sie sich friedlich und wehrlos, wenn sie wie Schafe auftraten.

2. Ihre Wirkung auf die getreuen Gemeindemitglieder muß aber verheerend gewesen sein; ihre Verführungskraft muß sich auf die Gemeinde zersetzend ausgewirkt haben. Übrigens werden christliche Irrlehrer auch sonst mit reißenden Wölfen verglichen (vgl. Apg 20,29).

3. Die falschen Propheten werden „schön" geredet haben; sie werden oft den Namen Gottes und den Namen Jesu im Mund geführt haben. Aber nicht nur durch ihre frommen Reden machten sie Eindruck. Sie konnten weissagen, ja, sie konnten sogar Dämonen austreiben und Wunder wirken, und das auch noch im Namen Jesu. Sie waren so von echten Jesusjüngern kaum zu unterscheiden.

4. Andererseits wird es mit ihrer Praxis nicht weit her gewesen sein. Was ihnen abging, war ganz einfach das christliche Handeln, die „Gerechtigkeit". Diese kann weder durch Prophezeiungen noch durch Wunder wettgemacht werden. Der christliche Glaube, will er echt sein, erfordert den Tatbeweis. Die falschen Propheten haben ihn offensichtlich nicht erbracht.

Der Tatbeweis

Ins Himmelreich eingehen werden nur diejenigen, die den Willen des Vaters im Himmel *tun.* Am Tun wird man den echten Jünger und die echte Jüngerin Jesu erkennen: „An den Früchten wird man sie erkennen".

Und doch ist die Sache nicht so einfach, wie es scheint. So sicher ist das Kriterium, anhand dessen wahre und falsche Propheten, wahre und falsche Jünger voneinander unterschieden werden können, nicht. Sie begegnen ja alle als *Schafe,* das heißt als friedliche, wehrlose, zutrauliche, bescheidene, einfache Menschen. Und sind Friede, Wehrlosigkeit, Bescheidenheit, Einfachheit nicht schon *gute Früchte*? Und wenn dann diese „guten Früchte" noch mit Prophezeiungen und Dämonenaustreibungen und Wundern „im Namen Jesu" einhergehen? Nein, so einfach, wie es sich anhört, ist das Kriterium vom „richtigen Handeln" oder von den „guten Früchten" nicht. Und die ganze Kirchengeschichte bis auf den heutigen Tag zeigt, wie wenig eindeutig dieses Kriterium ist. Um auf ein Beispiel der neuesten Geschichte hinzuweisen: Die Befreiungstheologen, für die die Praxis doch von so ausschlaggebender Bedeutung ist. Für die einen Betrachter sind es die echten Zeugen christlichen Glaubens, die sogar bereit sind, ihr Zeugnis mit dem Blut zu besiegeln. Für die andern sind es reißende Wölfe in Schafspelzen . . .

Vielleicht zeigt dieses Beispiel gut, was mit diesem Kriterium von den guten Früchten *nicht* gemeint ist: Es wird uns nicht etwas in die Hand gegeben, womit wir über andere zu Gericht sitzen können. Die Praxis ist nicht *Urteils*kriterium, sondern *Handlungs*kriterium. Nicht ob und wie die andern handeln, fällt in unsere Urteilsbefugnis, sondern ob und wie *wir* handeln.

Ist das jetzt wieder Werkgerechtigkeit? Ich denke, daß aus der bisherigen Interpretation der Bergpredigt zur Genüge hervorgegangen ist, daß sie uns nicht unter einen Leistungsdruck stellen, sondern daß sie uns zu einer messianischen Praxis befreien will.

Leben oder Tod

Die Parabel von den beiden Hausbauern braucht nicht weiter erklärt zu werden. Wichtig ist zu sehen, wie sie die Alternative weiterführt, wenn wir von Vers 13 an nochmals lesen: Weite Pforte — enge Pforte; breiter Weg — beschwerlicher Weg; Leben — Tod; guter Baum — schlechter Baum; gute Früchte — schlechte Früchte; reden — handeln; jetzt: hören und befolgen — hören und nicht befolgen; kluger Mann — unvernünftiger Mann; Felsen — Sand; das Haus bleibt stehen — das Haus stürzt ein.

So stehen der Hörer oder der Leser, die Hörerin oder die Leserin am Ende der Bergpredigt vor einer klaren Entscheidung, vor der Entscheidung für das Leben oder für den Tod. Ein Drittes gibt es nicht. Dieser Ruf in die Entscheidung ist für Jesus, aber auch für Matthäus wichtig. Und er ruft die *Christen* in die Entscheidung. Praktisch alle großen Reden in seinem Evangelium führen die Leser in diese letzte Alternative. Matthäus hatte dafür bedeutende Vorbilder, sowohl im Alten Testament wie auch im Judentum. Eines dieser Vorbilder wollen wir (in Auszügen) zu Worte kommen lassen. Es ist das Ende der großen Mose-Reden im Buch Deuteronomium (30,15—30).

Hiermit lege ich dir heute das Leben und das Glück, den Tod und das Unglück vor. Wenn du auf die Gebote des Herrn, deines Gottes, auf die ich dich heute verpflichte, hörst, indem du den Herrn, deinen Gott, liebst, auf seinen Wegen gehst und auf seine Gebote, Gesetze und Rechtsvorschriften achtest, dann wirst du leben und zahlreich werden, und der Herr, dein Gott, wird dich in dem Land, in das du hineinziehst, um es in Besitz zu nehmen, segnen.

Wenn du aber dein Herz abwendest und nicht hörst, wenn du dich verführen läßt, dich vor anderen Göttern niederwirfst und ihnen dienst — heute erkläre ich euch: dann werdet ihr ausgetilgt werden; ihr werdet nicht lange in dem Land leben, in das du jetzt über den Jordan hinüber ziehst . . .

Den Himmel und die Erde rufe ich heute als Zeugen gegen euch an. Leben und Tod lege ich dir vor, Segen und Fluch. Wähle also das Leben . . .

In der Bergpredigt geht es um Leben und Tod. Wir verstehen nun auch die Reaktion der Leute, wie Matthäus sie im Anschluß an die Bergpredigt schildert:

*Und es geschah, als Jesus diese Worte beendet hatte,
da erschraken die Volksmengen über seine Lehre.
Denn er lehrte wie einer, der Vollmacht hat, und nicht
wie ihre Schriftgelehrten (7,28—29).*

LITERATURHINWEIS

Für die exegetisch und theologisch geschulte Leserschaft empfehlen sich folgende wissenschaftliche Studien:

U. Luz, Das Evangelium nach Matthäus (Mt 1—7)
(Evangelisch-Katholischer Kommentar zum Neuen Testament I,1), Neukirchen 1985, 183—420
Dies ist der fundierteste und nuancierteste Kommentar zur Bergpredigt. Großes und reiches Quellenmaterial ist aufgearbeitet, die verschiedenen Lösungsversuche werden diskutiert, auch interpretationsgeschichtlich werden interessante Durchblicke gegeben, nicht ohne auf heute mögliche Anwendungsbereiche hinzuweisen.

G. Strecker, Die Bergpredigt. Ein exegetischer Kommentar, Göttingen 1984 (194 Seiten)
Methodisch streng und klar im Aufbau, bringt diese Studie im großen und ganzen das Fazit der neueren Forschungen an der Bergpredigt.

H. D. Betz, Studien zur Bergpredigt, Tübingen 1985
(X + 154 Seiten)
Es handelt sich um eine Sammlung von wissenschaftlichen Aufsätzen, die um die Analyse und das Verständnis der Bergpredigt kreisen und dabei interessante Durchblicke bieten.

Für eine Leserschaft, bei der keine fachspezifischen Kenntnisse vorauszusetzen sind, empfiehlt sich die Lektüre folgender Bücher:

E. Schweizer, Die Bergpredigt, Göttingen 1982
(118 Seiten)
Es ist im wesentlichen der Sonderdruck aus dem Matthäuskommentar in der Reihe Das Neue Testament Deutsch 2, Göttingen 1973. Die stärker historisch und literarkritisch orientierten Abschnitte sind kurz zusammenge-

faßt, dabei aber ist größeres Gewicht auf eine verständliche Auslegung gelegt.

J. Lambrecht, Ich aber sage euch. Die Bergpredigt als programmatische Rede Jesu (Mt 5—7, Lk 6,20—49), Stuttgart 1984 (252 Seiten + Beilage synoptische Übersetzung des Textes)

Der sehr empfehlenswerte Band bemüht sich um methodische Transparenz und Ausgewogenheit im Urteil. Jeder Abschnitt bringt auch wertvolle weiterführende Literaturhinweise. Der Kommentartext selbst ist frei von Fußnoten. Eignet sich gut als Arbeitsbuch.

H. Weder, Die „Rede der Reden". Eine Auslegung der Bergpredigt heute, Zürich 1985 (253 Seiten)

Das Buch geht im wesentlichen auf eine Vorlesung an der Universität Zürich zurück, die sich auch an Nichttheologen richtete. Da sich Weder um eine Umsetzung in die heutige Zeit bemüht, ist sein Buch auch ein anregender Gesprächpartner.

Chr. Dietzfelbinger, Die Antithesen der Bergpredigt (Theologische Existenz heute 186), München 1975 (85 Seiten)

Wie der Titel sagt, befaßt sich das Bändchen nur mit den Antithesen der Bergpredigt (Mt 5,21—48). Da der darin zum Zuge kommende Interpretationsansatz so deutlich herausgearbeitet ist und im großen und ganzen auf das Gesamt der Bergpredigt übertragen werden kann, soll es hier nicht unerwähnt bleiben.

Methodisch nicht immer ganz durchsichtig und hie und da etwas vorschnell in der Aktualisierung, aber doch sehr anregend sind u.a.:

F. Alt, Frieden ist möglich. Die Politik der Bergpredigt (Serie Piper 284), München 1983 (119 Seiten)

Ders., Liebe ist möglich. Die Bergpredigt im Atomzeitalter (Serie Piper 493), München 1985 (220 Seiten)

G. Borné, Bergpredigt und Frieden. Mit einem Vorwort von Dorothee Sölle und einer Rede des Erzbischofs von Seattle, Olten 1982 (147 Seiten)